tecnologia
assistiva em
educação especial e
educação inclusiva

SÉRIE INCLUSÃO ESCOLAR

tecnologia
assistiva em
educação especial e
educação inclusiva

claudio kleina

Conselho editorial
Dr. Alexandre Coutinho Pagliarini
Dr.ª Elena Godoy
Dr. Neri dos Santos
M.ª Maria Lúcia Prado Sabatella

Editora-chefe
Lindsay Azambuja

Gerente editorial
Ariadne Nunes Wenger

Assistente editorial
Daniela Viroli Pereira Pinto

Preparação de originais
Gabriel Plácido Teixeira da Silva

Capa, projeto gráfico e diagramação
Mayra Yoshizawa

Ilustrações
Marcos de Mello

Iconografia
Danielle Scholtz

Informamos que é de inteira responsabilidade do autor a emissão de conceitos.

Nenhuma parte desta publicação poderá ser reproduzida por qualquer meio ou forma sem a prévia autorização da Editora InterSaberes.

A violação dos direitos autorais é crime estabelecido na Lei nº 9.610/1998 e punido pelo art. 184 do Código Penal.

1ª edição, 2012.

Foi feito o depósito legal.

inter saberes

Rua Clara Vendramin, 58
Mossunguê . 81200-170
Curitiba . Paraná . Brasil.

Fone: (41) 2106-4170

www.intersaberes.com
editora@intersaberes.com

Dados Internacionais de Catalogação na Publicação (CIP)
(Câmara Brasileira do Livro, SP, Brasil)

Kleina, Claudio
    Tecnologia assistiva em educação especial e educação inclusiva / Claudio Kleina. – Curitiba: InterSaberes, 2012. – (Série Inclusão Escolar).

    Bibliografia.
    ISBN 978-85-8212-034-7

    1. Educação especial 2. Educação inclusiva 3. Estudantes com deficiência – Ensino auxiliado por computador 4. Prática de ensino 5. Professores – Formação 6. Tecnologia educacional I. Título. II. Série.

12-07617   CDD-371.904334

Índices para catálogo sistemático:
1. Tecnologia assistiva: Educação especial e inclusiva 371.904334

sumário

Dedicatória, 09

Agradecimentos, 11

Apresentação, 13

Introdução, 17

Capítulo 1 – Educação especial, inovação e tecnologia, 21

1.1 Educação especial e educação inclusiva, 22

1.2 Inovação e tecnologia, 26

1.3 Tecnologia assistiva, 32

Síntese, 41

Indicações culturais, 42

Atividades de autoavaliação, 43

Atividades de aprendizagem, 47

Capítulo 2 – Recursos didáticos adaptados, 49

2.1 Barreiras arquitetônicas nas escolas, 50

2.2 Recursos didáticos, 55

2.3 Recursos adaptados para o aluno
com deficiência visual, 58

2.4 Recursos adaptados para o aluno
com deficiência física, 62

2.5 Recursos adaptados para o aluno
com deficiência auditiva, 78

Síntese, 79

Indicações culturais, 80

Atividades de autoavaliação, 81

Atividades de aprendizagem, 85

Capítulo 3 – Informática na educação especial, 87

3.1 O computador e o aluno com deficiência, 88

3.2 A informática, o professor
e a tecnologia assistiva, 95

3.3 Recursos de *hardware* e de *software*
para alunos com deficiência, 98

3.4 Adaptações para o uso do computador, 102

Síntese, 118

Indicações culturais, 119

Atividades de autoavaliação, 120

Atividades de aprendizagem, 124

Capítulo 4 – Adaptações de *software*, 125

4.1 Opções de acessibilidade
do sistema operacional, 126

4.2 *Softwares* especiais de acessibilidade, 132

4.3 *Software* educativo para alunos
com deficiência, 141

4.4 Novas tecnologias, 152
Síntese, 158
Indicações culturais, 159
Atividades de autoavaliação, 161
Atividades de aprendizagem, 165

Considerações finais, 167

Referências, 171

Bibliografia comentada, 177

Gabarito, 181

Nota sobre o autor, 187

dedicatória

Dedico este trabalho à memória do meu pai, Miguel, e à minha mãe, Natalia, pela formação como ser humano que me proporcionaram.

Dedico também à minha amada esposa Jaqueline, que eu também pude conhecer por meio de uma inovação tecnológica (internet), e à minha filha Mirella, que me dá muitas alegrias.

agradecimentos

Agradeço à Editora InterSaberes pelo incentivo e pela orientação na elaboração deste livro; ao Grupo Uninter pela oportunidade e à professora e coordenadora do Curso de Educação Especial e Educação Inclusiva, Regiane Bérgamo, pelo convite, pela confiança e pelo apoio na concretização deste trabalho; ao preparador de originais Gabriel Plácido Teixeira da Silva, por sugerir inúmeras alterações que deixaram o texto com maior clareza, precisão e objetividade; aos pareceristas deste livro que, com suas visões críticas, forneceram as diretrizes para melhorar a qualidade do texto; a Deus, por colocar no caminho da minha vida o contato com a educação especial, contato este que nos faz refletir sobre quais são os valores que realmente importam em nossa existência.

"Compreender é inventar, ou reconstruir através da reinvenção, e será preciso curvar-se ante tais necessidades se o que se pretende, para o futuro, é moldar indivíduos capazes de produzir ou de criar, e não apenas de repetir" (Piaget, 1973, p. 20).

"Somos diferentes, mas não queremos ser transformados em desiguais. As nossas vidas só precisam ser acrescidas de recursos especiais" (Peça de teatro: *Vozes da Consciência*, Belo Horizonte-MG).

apresentação

Vivemos em uma sociedade permeada de artefatos que nos trazem maior agilidade, produtividade e conforto. A cada dia, novos equipamentos – celulares, computadores, micro-ondas etc. – são inseridos em nossa vida, causando, em um primeiro momento, um pouco de espanto, euforia, receio, entusiasmo, dúvidas e medo. São diversas as sensações que sentimos quando temos esse primeiro contato. Porém, o uso desses equipamentos no dia a dia acontece de forma natural, corriqueira. O mesmo processo ocorre na educação, pois a utilização de um novo recurso em nossas aulas também traz diversos sentimentos, dúvidas e incertezas, mas, com o passar do tempo, torna-se mais uma ferramenta comum que nos auxilia no processo de ensino-aprendizagem.

A nossa proposta não é construir um manual que irá mostrar todas as soluções aos problemas apresentados pelos alunos com deficiência, mas, sim, um guia com sugestões e dicas sobre recursos tecnológicos existentes, para quem eles são indicados e como trabalhar com esses recursos. Por meio dessas ideias, o profissional da educação poderá criar ou adaptar os recursos que possui na própria realidade de sua escola. Novas tecnologias surgem a cada momento, e, certamente, quando você estiver lendo este livro, poderá já ter conhecido outras que esta obra não contempla.

Com a educação inclusiva, todos nós, profissionais da educação, que já possuímos um enorme desafio – que é aprender como trabalhar com o aluno considerando suas singularidades –, temos ainda o desafio de conhecer os recursos disponíveis e adaptá-los às necessidades específicas desse estudante, pois muitas vezes a utilização desses recursos definirá o sucesso ou não do processo de ensino-aprendizagem, já que os recursos tecnológicos permitem maior participação e autonomia do aluno na realização das atividades. Com esses recursos, temos novas ferramentas para trabalhar de forma individualizada e para atender aos mais diferentes tipos de necessidades educacionais especiais.

Assim, este livro foi escrito com o objetivo de fazer um levantamento de alguns recursos disponíveis e de que modo eles podem ser usados pelos professores com alunos que apresentam necessidades educacionais especiais.

No decorrer do livro, abordaremos a escola especial e a inclusiva, barreiras arquitetônicas e conceitos de tecnologia e de inovação. Faremos também uma breve introdução à tecnologia assistiva. Na sequência, descreveremos os recursos mais comuns que podemos usar em sala de aula. Discutiremos o uso da informática e examinaremos os recursos que empregam alta tecnologia[1], equipamentos, *hardware* e *software* que podem auxiliar os alunos com deficiência em sua comunicação, aprendizagem, autonomia e inclusão educacional e social.

Por fim, analisaremos as características que um *software* educacional deve ter para facilitar o uso por alunos com necessidades educacionais especiais.

Há diversas terminologias para se referir aos alunos com necessidades educacionais especiais, porém, como ainda não temos um termo definitivo, neste livro iremos usar a terminologia *aluno com deficiência* ou *aluno deficiente*. Entendemos que o que vale mesmo é o posicionamento que temos diante desses estudantes, e não o termo que utilizamos para nos referir a eles, pois o nosso maior interesse é mostrar os recursos que ajudam esses educandos no processo de ensino-aprendizagem, e não denegrir a imagem deles. Dessa forma, ao longo do texto serão utilizadas as expressões *deficiência física*, quando falarmos de alunos com necessidades especiais na área física e motora, *deficiência intelectual*, para os estudantes com dificuldades na área cognitiva, *deficiência auditiva* e *deficiência visual*, para as áreas auditiva e visual, e *altas habilidades* e *superdotação*, para os que apresentam um desenvolvimento cognitivo acima da média.

---

1. *Alta tecnologia* refere-se à tecnologia considerada de ponta, ou seja, que trabalha com as mais recentes inovações tecnológicas, ou na sua investigação. Atualmente, a tecnologia se desenvolve em um ritmo muito rápido e, assim, os recursos de alta tecnologia podem se transformar, nesse mesmo ritmo, em recurso de baixa tecnologia.

Lembramos que *necessidade educacional especial* não tem o mesmo significado de *deficiência*. O conceito de *deficiência* se refere às condições orgânicas de uma pessoa, que podem resultar ou não em uma necessidade educacional especial. O conceito de *necessidade educacional especia*l diz respeito à interação do aluno com a proposta educativa com a qual ele se depara. Cada estudante sempre apresentará características diferentes e, embora faça parte de um mesmo grupo de necessidade educacional especial, poderá necessitar de diferentes adaptações de recursos didáticos e metodológicos (Glat; Blanco, 2007).

Desejo a você uma ótima leitura!

introdução

O avanço das ciências proporciona o desenvolvimento de tecnologias que nos auxiliam na realização de diversas atividades do cotidiano. Essa mesma tecnologia também pode contribuir com a educação dos alunos, principalmente dos que possuem alguma necessidade educacional especial. Vamos refletir:

Como pode um professor definir se um aluno, mesmo com necessidade educacional especial, será capaz ou não de aprender um determinado conteúdo? Como pode um professor afirmar quais alunos não conseguirão ser alfabetizados?

Todos os alunos sempre podem aprender algo novo. Nós, profissionais da educação, devemos acreditar nessa premissa. Se o aluno não está conseguindo evoluir com determinado modo de trabalho, devemos pensar sobre o que podemos modificar em nossa prática docente para favorecer a aprendizagem dele; quais alternativas existem e se há algum recurso, equipamento ou dispositivo que pode ajudá-lo nesse processo. É nesse momento que a tecnologia tem a sua maior contribuição, pois, aliada ao uso de metodologias inovadoras, poderá proporcionar novas possibilidades de ensino e de aprendizagem.

Infelizmente, ainda é comum ouvirmos de alguns profissionais da educação comentários como: "Aquele aluno não tem jeito. Suei a camisa de tanto trabalhar com ele, mas não adianta. Ele não consegue aprender"[1]. E, realmente, quando um professor possui ferramentas limitadas, que muitas vezes se resumem apenas ao quadro de giz[2], seus esforços podem não resultar em avanços desse aluno. Temos de ter em mente que o nosso prognóstico pode assumir um caráter definitivo que conduzirá o estudante ao fracasso escolar e, consequentemente, ao fracasso profissional e ao fracasso de uma vida social ativa e produtiva.

Precisamos, então, buscar novos caminhos para a educação. Temos de pensar em quais mudanças faremos para conseguir o avanço na

---

1. Fala comumente dita por alguns professores. Todos os alunos sempre têm algo a aprender na escola.

2. Salientamos que o próprio quadro de giz (quadro-negro) é uma tecnologia. Também afirmamos que há professores que dão excelentes aulas utilizando apenas o quadro de giz, e há professores que não dão aula nenhuma utilizando quadro digital, computadores etc. (Brito; Purificação, 2008). Os recursos tecnológicos "de ponta" sempre darão melhores resultados quando utilizados por profissionais bem preparados. Assim, cabe ao professor conhecer suas características, potencialidades e limitações para obter melhores resultados (Almeida; Moran, 2005).

aprendizagem de nossos alunos. Quando pensamos dessa maneira, percebemos que sempre há uma nova metodologia, um novo equipamento e uma nova tecnologia que podem trazer novas perspectivas de aprendizagem aos estudantes.

Por exemplo, quando um aluno tem grande dificuldade em estabelecer a comunicação com o professor e com os demais colegas de sala, certamente terá mais dificuldade em aprender. Se ele não tiver estabelecido uma forma confiável de dar as respostas em uma avaliação, o professor não terá certeza se ele está ou não acompanhando o conteúdo, se necessitará ou não de um reforço ou de uma revisão, o que impactará diretamente em sua aprendizagem.

É nesse momento que o uso da tecnologia assume um papel protagonista, permitindo que o professor dê ao aluno mais oportunidades para aprender e para demonstrar o que aprendeu. Portanto, é sumariamente importante que conheçamos e saibamos como utilizar o maior número possível de ferramentas na missão de favorecer a aprendizagem do estudante com deficiência.

Atualmente, existe um acervo considerável de recursos tecnológicos e que está em constante crescimento, sendo que esses recursos permitem tanto aperfeiçoar a qualidade da interação entre alunos, pais e professores da educação especial como também aumentar o rendimento de trabalho, melhorando, principalmente, a comunicação, o processo de ensino-aprendizagem e a avaliação educacional. Com isso, este livro apresenta os conceitos de recursos, que podem ser utilizados no processo de ensino-aprendizagem dos alunos com deficiência, enfatizando os mais importantes.

Devemos lembrar que a tecnologia não é apenas um aparato eletrônico ou o uso de computadores com *hardware* e *software* sofisticados. É também aquela pequena adaptação que fazemos e que traz maior produtividade ao aluno com algum tipo de deficiência ou limitação, pois a tecnologia pode assumir diferentes significados em virtude do seu contexto, como sendo sinônimo de "artefato, cultura, atividade com determinado objetivo, processo de criação, conhecimento sobre uma técnica e seus respectivos processos etc." (Almeida; Moran, 2005).

No decorrer deste livro, veremos as tecnologias disponíveis, algumas que ainda estão sendo desenvolvidas e/ou aperfeiçoadas e também as relacionadas ao uso da informática, as quais, inegavelmente, têm contribuído sobremaneira na educação dos alunos com necessidades educacionais especiais.

Apesar de o foco ser tecnologias com objetivo pedagógico para serem utilizadas em sala de aula, também discorreremos sobre barreiras arquitetônicas e adaptações do ambiente escolar, apontando algumas dificuldades existentes e propondo soluções.

Enfim, esperamos que este livro contribua na sua formação e que traga informações que o ajudem a atender melhor os alunos com necessidades educacionais especiais.

Desejo-lhe um ótimo estudo!

educação especial, inovação e tecnologia

capítulo 1

Neste capítulo, discorreremos sobre a educação especial e a educação inclusiva, seus conceitos e diferenças. Depois, discutiremos brevemente a respeito de inovação e tecnologia, para chegarmos, então, aos conceitos de tecnologia assistiva, mostrando como o uso dela poderá beneficiar os alunos que possuem algum tipo de necessidade educacional especial, permitindo-lhes maior autonomia na realização de suas atividades.

1.1 Educação especial e educação inclusiva

Antes de iniciarmos a discussão sobre os recursos tecnológicos, é importante levantarmos algumas considerações sobre a educação especial e a educação inclusiva, além de qual população é atendida por essas modalidades, pois é nesse contexto que abordaremos o uso das tecnologias assistivas.

Com isso, levantamos algumas questões para a sua reflexão: O que é educação especial? O que é educação inclusiva? Há diferenças entre esses dois tipos de modalidade de educação? Quem atendemos na educação especial e na inclusiva?

A educação especial e a educação inclusiva muitas vezes se confundem com "escolas especiais" e escolas que atendem os alunos "de inclusão", respectivamente.

A educação especial e a inclusiva, apesar de estarem intimamente ligadas, assumem características diferentes. A educação inclusiva está relacionada ao "acesso na classe convencional da rede regular de ensino para todas as pessoas, independente de cor, etnia, idade, sexo e necessidades especiais" (Mendes, 2002, p. 12). Já a educação especial assume o papel de organizar os meios necessários para desenvolver os potenciais das pessoas com necessidades educacionais especiais, em escolas especializadas ou não.

Assim, podemos conceber a educação especial como o atendimento a todas as pessoas que precisam de métodos, recursos e procedimentos específicos no decorrer da realização das atividades inerentes ao processo de ensino-aprendizagem, já que a educação inclusiva requer da escola regular uma nova postura que valorize a diversidade de seus alunos.

A educação especial deve fazer parte do mesmo contexto da "educação geral", e os alunos com necessidades educacionais especiais devem ser atendidos no mesmo ambiente dos demais alunos, apenas fazendo-se as adaptações necessárias para o atendimento de suas necessidades específicas.

Dessa forma, tanto o projeto político-pedagógico quanto o currículo, que engloba metodologias, avaliações e estratégias diversificadas de ensino, devem favorecer a inclusão e a execução de práticas educativas diferenciadas para servir todos os alunos. Assim, a educação especial assume o caráter de escola paralela, mas como um conjunto de medidas que a escola regular dispõe para o atendimento das especificidades dos alunos (Oliveira; Glat, 2003).

Podemos conceber a escola inclusiva como um "sistema caleidoscópio", conforme proposto por Werneck (1997, p. 52-53):

> *Inclusão é, assim, o termo utilizado por quem defende o sistema caleidoscópio de inserção. [...] No sistema de caleidoscópio não existe uma diversificação de atendimento. A criança entrará na escola, na turma comum do ensino regular, e lá ficará. Caberá à escola encontrar respostas educativas para as necessidades específicas de cada aluno, quaisquer que sejam elas. A inclusão [...] tende para uma especialização do ensino para todos. [...] A inclusão exige rupturas.*

Nessa perspectiva, não cabe mais à escola apenas receber e integrar o aluno com necessidades educativas especiais. Ela deverá prover e dispor de recursos, metodologias e currículos para atender à diversidade de alunos.

Heward, citado por Rodrigues (2006), afirma que o fato de os alunos serem diferentes não implica a escola oferecer para cada estudante uma metodologia diferente, pois isso levaria a uma escola "impossível de funcionar nas condições atuais". Por outro lado, se não proporcionarmos adequações na metodologia, também estaremos criando situações de desigualdade para muitos estudantes. Ser diferente é uma característica humana, comum a todos, e não deve ser considerada como um atributo negativo.

No Parecer nº 17, de 3 de julho de 2001, do Conselho Nacional de Educação, encontramos que a escola inclusiva:

> *Em vez de focalizar a deficiência da pessoa, enfatiza o ensino e a escola, bem como as formas e condições de aprendizagem; em vez de procurar, no aluno, a origem de um problema, define-se pelo tipo de resposta educativa e de recursos e apoios que a escola deve proporcionar-lhe para que obtenha sucesso escolar; por fim, em vez de pressupor que o aluno deve ajustar-se a padrões de "normalidade" para aprender, aponta para a escola o desafio de ajustar-se para atender à diversidade de seus alunos. (Brasil, 2001a, p. 14)*

Não cabe mais à escola e aos profissionais da educação classificar os alunos como "deficientes" ou "normais". Todos são alunos e devem ter o mesmo direito de aprender, dentro dos seus limites, e, para isso, a escola deverá adequar-se para, ao invés de atender aos alunos "homogêneos", considerar que todos possuem características específicas e diversificadas.

1.1.1 Quem é o aluno atendido pela educação especial e pela inclusiva?

É necessário frisarmos que a escola não deve fazer distinção entre os alunos que precisam de atendimento educacional especial e os que não precisam. Mas existem alguns educandos que necessitarão de atendimento diferenciado devido a uma característica que pode ser transitória ou não.

Tradicionalmente, podemos nos reportar ao disposto no art. 5º da Resolução nº 2, de 11 de setembro de 2001, do Conselho Nacional de Educação, a qual define quem são os alunos com necessidades educacionais especiais:

> *alunos que apresentam deficiências (mental, visual, auditiva, física/motora e múltiplas); condutas típicas de síndromes e quadros psicológicos, neurológicos ou psiquiátricos, bem como de alunos que apresentam altas habilidades/superdotação.* (Brasil, 2001b, p. 19)

Porém, essa categoria é mais abrangente ao considerarmos a Declaração de Salamanca (Unesco, 1994): crianças com deficiência e crianças bem dotadas; crianças que vivem nas ruas e que trabalham; crianças de populações distantes ou nômades; crianças de minorias linguísticas, étnicas ou culturais e crianças de outros grupos ou zonas desfavorecidos ou marginalizados.

Percebemos na Declaração de Salamanca que ela envolve não apenas as categorias relacionadas a deficiência, altas habilidades e condutas típicas. Ela vai além, englobando as diferentes etnias, culturas e grupos que normalmente ficam à margem da sociedade.

A escola inclusiva requer a revisão e a ampliação das práticas educativas que superem o trabalho pedagógico tradicional, atendendo não somente as dificuldades de aprendizagem advindas das condições, limitações e disfunções, "mas também aquelas não vinculadas a uma causa orgânica específica, considerando que, por dificuldades cognitivas, psicomotoras e de comportamento, alunos são frequentemente negligenciados ou mesmo excluídos dos apoios escolares" (Brasil, 2001b, p. 19).

Toda vez que um aluno precisar de atendimento diferenciado, seja por causa de uma característica permanente, como a surdez, a paraplegia, a deficiência visual, seja por uma característica de caráter transitório, como uma doença temporária, uma fratura, um distúrbio emocional ou psicológico, estará incluído no conjunto de alunos que fazem parte da educação especial. Todos os estudantes se beneficiarão da educação inclusiva, pois a qualquer momento poderão precisar de um atendimento diferenciado.

1.2 Inovação e tecnologia

1.2.1 Inovação

Falar em tecnologia pressupõe tratar de inovação, já que, ao usarmos um novo recurso, teremos de modificar nossa prática docente. *Inovação* significa "novidade" ou "renovação". A palavra *inovação* deriva do termo latim *innovatio* e se refere a uma ideia, um método ou um objeto que é criado e que difere dos padrões anteriores. Inovar não é somente fazer coisas diferentes, mas também fazer as mesmas coisas de forma diferente.

Uma das raízes da inovação está na perspectiva do "progresso social" proposto por Luis Ramiro Beltrán (1976), em que o resultado da inovação tecnológica deve ser tanto visível quanto mensurável, além de resultar em "alguma coisa boa" e que possua um "valor agregado", seja para o indivíduo, seja para o produto em questão, seja para o antigo processo, sempre que pelo menos um desses componentes constitua objetos de inovação.

Ao refletirmos sobre o significado de *inovar*, percebemos que as diversas abordagens desse termo se confundem com os conceitos da própria educação especial e da inclusiva. Nesse sentido, Andrade (2010) afirma que "No campo da Educação Especial quando falamos de 'inovações' estamos apenas apontando o que de ferramentas visíveis estão em uso junto ao educando com necessidades especiais".

Com essa visão, quando consideramos um aluno com suas características singulares, temos de, na maioria das vezes, inovar a forma de trabalho para conseguirmos atingir a nossa meta. Devemos adaptar objetivos, conteúdos, metodologias, utilizar recursos específicos e, muitas vezes, adaptar os próprios recursos específicos de acordo com as características do nosso estudante. Também precisamos inovar equipamentos, atitudes, currículos, formas de avaliar, promover a construção de escolas acessíveis e de novos modos de organização da escola, enfim, criar uma nova forma de se fazer educação.

A inovação origina-se de uma necessidade e tende a ocorrer através de alguma ação planejada. Com certeza, poucas inovações surgem do acaso. A grande parte delas e, certamente, as mais bem-sucedidas nascem da busca intencional e consciente de inovar dentro e fora da escola. Para Dosi (1988), toda inovação envolve pesquisa, descoberta, experimentação, desenvolvimento, imitação e adoção de novos produtos, processos de produção e formas organizacionais. Quando há um planejamento, um estudo e uma análise mais pontual, temos uma chance maior de alcançar o sucesso. Por isso, é fundamental conhecermos muito bem o aluno que estamos atendendo, suas limitações e necessidades para propormos uma modificação que venha favorecer o seu desenvolvimento. É muito difícil haver criação e inovação sem estudo, sem pesquisa. Essa busca de informações deve ser feita em diversos momentos, pois num curto espaço de tempo o educando desenvolve novas habilidades, adquire novos conhecimentos, a escola se modifica e novos recursos aparecem.

Além dessa preparação inicial, vale lembrar que, quando inovamos, temos de estar abertos a mudanças, além de estar preparados para o risco de não conseguirmos o resultado esperado. Essa é uma das grandes dificuldades que enfrentamos quando estamos inovando. A princípio, possuímos apenas uma ideia que será implantada. Somente vamos saber se o resultado daquela criação foi eficaz após a sua realização, quando faremos uma avaliação. Por isso, nunca teremos uma completa certeza de que a utilização de um método ou de um recurso novo terá os efeitos esperados, ainda mais em se tratando de educação, porque alunos com características semelhantes poderão ter respostas completamente diferentes à utilização de um recurso que foi criado ou adaptado. Quando não conseguimos os resultados esperados, temos de reavaliar todo o processo e propor novas modificações.

Para aumentar as chances do sucesso, devemos saber a melhor hora de aplicar a inovação, pois, antes, devemos preparar o ambiente e o aluno para a utilização e a aceitação dessa inovação. Com isso, para que essa tarefa seja feita positivamente, temos de envolver todos os estudantes, os pais e a comunidade escolar.

O aluno deverá estar motivado para usar o recurso adaptado. Assim, é essencial que o professor deixe claro para o educando quais os benefícios que a utilização do recurso trará para ele e que o sucesso também dependerá de sua participação e empenho.

Por fim, salientamos que dificilmente seremos bons profissionais em educação especial e em educação inclusiva sem propormos novas alternativas de ensino, sem nos tornarmos pesquisadores. É preciso buscar o maior número de informações sobre o aluno, conhecer a escola, conhecer os recursos já disponíveis e os que são capazes de ser implantados, além das melhorias que podem ser feitas.

A segunda etapa de nossa formação (e a mais importante) se inicia quando entramos em uma sala de aula como profissionais da educação. É através da prática que aprendemos realmente a nossa profissão, já que os cursos de graduação não dão conta de nos preparar plenamente para exercermos nossa função. A maior parte dos conhecimentos de que precisamos para trabalhar adquirimos com a prática do dia a dia, através da experiência obtida com cada novo aluno que atendemos, com cada metodologia nova que empregamos e com cada recurso tecnológico que nos propomos a usar com os estudantes. Para que melhoremos cada vez mais nossa prática profissional, temos de, continuamente, buscar novas alternativas, adaptá-las, criar e inovar!

1.2.2 Tecnologia

Quando falamos em tecnologia, é comum pensarmos em computadores, *softwares*, engenharia genética, internet, realidade virtual, inteligência artificial etc. Porém, a tecnologia assume uma dimensão muito maior. Gonçalves (1994) descreve a tecnologia como sendo um conjunto integrado de conhecimentos, técnicas, ferramentas e procedimentos de trabalho que são aplicados na produção de bens e serviços. Dessa forma, podemos afirmar que todos os artefatos construídos para que o ser humano consiga superar suas limitações são tecnologias.

Pensando dessa maneira, percebemos que todos os produtos, e até mesmo as formas de sua produção, fazem parte do conceito de tecnologia. Na educação especial e na inclusiva, o uso da tecnologia proporciona escolhas para o aluno com deficiência, pois a sua maior contribuição está em criar novas oportunidades e possibilidades de ensino. Ela pode permitir a comunicação, a escrita, o registro e a autonomia em diversas tarefas, auxiliando imensamente no processo de aprendizagem.

Agora, não basta tê-la. É preciso saber o que fazer com ela, saber como tirar proveito do seu uso na educação. Será que estamos sabendo aproveitar a tecnologia disponível em benefício da educação? Quais recursos tecnológicos estão sendo usados com nossos alunos com deficiência? Por que encontramos dificuldade em usar a mesma tecnologia que facilita as nossas atividades diárias na educação?

O uso de novas tecnologias sempre nos traz esperança, mas também desafios e insegurança, além do medo. Novos espaços e materiais diferenciados provocam dúvidas e incertezas quanto às práticas de ensino e de aprendizagem. Por isso, é comum, no primeiro contato, existir um pouco de resistência no emprego de uma nova tecnologia em sala de aula.

Outro elemento que prejudica a aplicação de uma nova tecnologia é que seu emprego nos faz sair do comodismo. Afinal, teremos de aprender o seu funcionamento, de conhecer melhor o aluno que irá utilizar essa nova tecnologia, de estudar as possibilidades de uso com esse aluno, de prepará-lo, ensiná-lo e, ainda assim, corremos o risco de que sua aplicação não surta os efeitos esperados. Realmente, não é uma tarefa fácil, mas, quando optamos em trabalhar com educação, já devemos saber que teremos muitos desafios a enfrentar, principalmente em relação a uma formação contínua, uma "eterna" busca por aprimoramento e qualificação para atender de forma cada vez melhor os alunos.

Nós precisamos buscar conhecimento para trabalhar com os mais diversos recursos tecnológicos, para que possamos escolher quais são os mais adequados às necessidades de cada aluno. Portanto, temos de estar sempre "antenados" nos novos recursos e nas novas metodologias de trabalho, desenvolvendo nosso senso de curiosidade e nosso espírito de pesquisa.

A internet é, sem dúvida, um grande canal para buscarmos informações, experiências e novos conhecimentos, pois muitos estudos estão descritos em artigos, congressos, dissertações e teses, disponibilizados gratuitamente. Fazer cursos de extensão ou especialização ou buscar nas secretarias de educação parcerias com profissionais especialistas para treinamentos é outra forma de nos mantermos atualizados sobre as novas alternativas para a prática docente. Promover encontros pedagógicos e estudos de caso na própria escola também é um ótimo modo para buscarmos soluções para o atendimento dos alunos, pois um planejamento elaborado coletivamente, além de trazer mais possibilidades de criação de atividades e recursos adaptados, diminui a ansiedade do professor.

Também há outros autores que escreveram sobre o assunto, listados nas referências deste livro, tais como Bonilla (2002), Brito e Purificação (2008) e Cortelazzo, Rocha e Palma (2008), que poderão ser consultados para ampliar o conhecimento sobre tecnologia assistiva.

Para finalizar, afirmamos que, enquanto o uso da tecnologia na educação ainda pode ser discutido, na educação especial e na inclusiva seu emprego é obrigatório, já que muitos alunos dependem desse meio para aprender. Assim, quando aliamos a aplicação da tecnologia na educação especial, estamos dando ao estudante a possibilidade de demonstrar o seu potencial, aprender, interagir e participar ativamente em nossa sociedade.

1.3 Tecnologia assistiva

Hoje, há uma grande diversidade de recursos tecnológicos que podem auxiliar os alunos com necessidades educacionais especiais. Conhecer esses recursos é um desafio dos profissionais da educação, que devem buscar constantemente a atualização, verificando o que já existe e o que está sendo desenvolvido em prol desses alunos.

Muitas vezes, o educando tem limitada sua capacidade de aprendizagem porque não são oferecidas a ele as ferramentas adequadas para o próprio desenvolvimento (Valente, 1991). Quando usamos uma ferramenta ou um recurso específico para um aluno que possui uma limitação, estamos fazendo uso de uma tecnologia assistiva.

O termo *tecnologia assistiva* ainda é pouco usado, mas o seu conceito está presente desde a Pré-História, quando o homem usava, por exemplo, um galho de árvore como apoio para caminhar após ter fraturado uma de suas pernas. Essa bengala improvisada permitiu que ele retomasse uma função, a marcha, que estava impedida pela fratura acidental.

Tecnologia assistiva é um termo que foi implantado no Brasil em 1988, teve sua origem no termo em inglês *assistive technology*, sendo a sua função a de diferençar alguns equipamentos de outros da área médica e hospitalar e padronizá-los. Essa padronização objetiva auxiliar na elaboração de leis que precisam de uma categorização desses recursos e equipamentos. No Brasil, encontramos derivações desse termo, como *adaptações, ajudas técnicas, autoajudas* e *ajudas de apoio*.

Bersch (2008, p. 2) descreve a tecnologia assistiva da seguinte maneira:

> um termo ainda novo, utilizado para identificar todo o arsenal de recursos e serviços que contribuem para proporcionar ou ampliar habilidades funcionais de pessoas com deficiência e consequentemente promover vida independente e inclusão.
>
> Num sentido amplo percebemos que a evolução tecnológica caminha na direção de tornar a vida mais fácil. Sem nos apercebermos utilizamos constantemente ferramentas que foram especialmente desenvolvidas para favorecer e simplificar as atividades do cotidiano, como os talheres, canetas, computadores, controle remoto, automóveis, telefones celulares, relógio, enfim, uma interminável lista de recursos, que já estão assimilados à nossa rotina.

As tecnologias assistivas também podem ser definidas como o conjunto de recursos que, de alguma maneira, contribuem para proporcionar às pessoas com deficiência maior independência, qualidade de vida ou inclusão social, fazendo a potencialização de suas capacidades. Essas tecnologias podem ser modestas, como uma bengala, uma lupa ou um par de óculos, ou elaboradas, como teclados em Braille, sintetizadores vocais, sistemas para se reconhecer a fala do usuário e sistemas computadorizados para comunicação e controle interno de ambientes, os quais podem envolver tanto *hardware* como *software* (Santarosa; Hogetop, 2002).

Assim, percebemos que as tecnologias assistivas têm como objetivo central prover as pessoas com algum tipo de deficiência maior autonomia e independência, melhor qualidade de vida e inclusão social e educacional, por meio do aumento de sua comunicação e mobilidade, do domínio do ambiente, do desenvolvimento de habilidades que auxiliem o aprendizado, o trabalho e a integração com a família, os amigos e a sociedade.

Os recursos de tecnologia assistiva podem ser comercializados em série, sob encomenda, desenvolvidos artesanalmente ou, ainda, ser uma pequena adaptação que o professor faz em sala de aula e que possibilita maior produtividade do aluno. São poucas as empresas que se dedicam a desenvolver produtos de tecnologia assistiva, porque eles, geralmente, se destinam a uma pequena parcela da população e, com isso, esses equipamentos tornam-se, na maior parte das vezes, mais caros. Ao escolher uma tecnologia para uma pessoa, devemos sempre considerar as peculiaridades e as reais condições que essa pessoa apresenta. É necessário, portanto, fazer uma prévia avaliação das características desse indivíduo para podermos definir com maior probabilidade de acerto o dispositivo, o equipamento ou o programa que será mais adequado à pessoa com deficiência.

Assim, conforme Kleina (2008), citando Montoya:

> Nesse sentido, Montoya (1997) sugere a reflexão sobre alguns aspectos que podem ajudar a orientar a escolha mais apropriada:
>
> › a finalidade da utilização do dispositivo ou programa;
> › a sua função na melhora das capacidades comunicativas do indivíduo;
> › a possibilidade de, através do seu uso, permitir a exteriorização ou expressão dos seus pensamentos;
> › sua utilização em diferentes áreas: educacional, lazer, trabalho;
> › e por fim, a possibilidade de ser utilizado com os programas convencionais (no caso dos dispositivos) existentes no mercado.

É imprescindível fazermos uma avaliação da pessoa que irá utilizar o recurso, para que seja definida a tecnologia assistiva mais adequada e que lhe traga benefícios significativos. Muitas vezes, ainda é necessário que façamos algumas modificações, personalizando o recurso às características singulares de cada indivíduo.

É comum, principalmente quando se trata de crianças, que haja uma rejeição inicial, que deverá ser trabalhada com constantes reforços positivos e com a demonstração dos ganhos de habilidades que a adaptação utilizada proporcionará.

O ideal é que deixemos a pessoa com deficiência explorar a nova tecnologia assistiva, para que ela também participe das adequações que poderão ser necessárias, pois, em muitos casos, ela mesma nos mostrará formas de utilizar que serão muito mais produtivas do que se apenas seguíssemos as orientações presentes no manual desse recurso.

Há a necessidade de fazermos um acompanhamento permanente do uso da adaptação, já que com o tempo poderemos ter de modificar a forma de sua utilização, pois as pessoas com deficiência poderão adquirir novas habilidades ou acentuar a área deficitária nesse período.

Existem dois casos em que temos de ter maior atenção: no caso de crianças e adolescentes, pois eles têm uma tendência de adquirir com maior rapidez novas habilidades, e nos casos de doenças de caráter progressivo, em que uma grande tendência de que ocorra uma "piora" no quadro médico do paciente.

É importante que evitemos o uso de dispositivos sofisticados além do necessário, buscando sempre o caminho da simplicidade e do menor custo, pois, quando utilizamos os recursos de tecnologia assistiva de forma exagerada, podemos bloquear o desenvolvimento da pessoa com deficiência, já que ela terá de fazer um esforço menor para realizar as atividades. "Portanto, as tecnologias assistivas mais sofisticadas (e mais caras) devem ser prescritas somente quando houver uma necessidade real e sua utilização possibilitar uma produtividade significativa na realização das atividades" (Kleina, 2008).

No Brasil, Bersch (2008) propôs uma classificação das tecnologias assistivas, conforme o Quadro 1.1, e a importância dessa classificação está no fato de organizar a utilização, a prescrição, o estudo, a legislação e a pesquisa sobre tecnologia assistiva. Não existe uma sistematização definitiva dela, sendo que essa classificação pode variar de acordo com diferentes autores ou serviços.

Quadro **1.1 – Categorias de tecnologia assistiva**

Auxílios para a vida diária e para a vida prática	Materiais e produtos que favorecem o desempenho autônomo e independente em tarefas rotineiras ou facilitam o cuidado de pessoas em situação de dependência de auxílio, nas atividades como se alimentar, cozinhar, vestir-se, tomar banho e executar as necessidades pessoais.
Comunicação aumentativa e alternativa – CAA	Destinada a atender pessoas sem fala ou escrita funcional ou em defasagem entre sua necessidade comunicativa e sua habilidade em falar e/ou escrever.
Recursos de acessibilidade ao computador	Conjunto de *hardware* e *software* especialmente idealizado para tornar o computador acessível, no sentido de que possa ser utilizado por pessoas com privações sensoriais e motoras.
Sistemas de controle de ambiente	Através de um controle remoto, as pessoas com limitações motoras podem ligar, desligar e ajustar aparelhos eletroeletrônicos e sistemas eletrônicos, como interruptores de luz, aparelho de som, televisores, ventiladores, executar a abertura e o fechamento de portas e janelas, receber e fazer chamadas telefônicas, acionar sistemas de segurança etc., localizados em seu quarto, sala, escritório, casa e arredores.
Projetos arquitetônicos para acessibilidade	Adaptações estruturais e reformas na casa e/ou ambiente de trabalho, através de rampas, elevadores, adaptações em banheiros etc., que retiram ou reduzem as barreiras físicas, facilitando a locomoção da pessoa com deficiência.

(continua)

(Quadro 1.1 – continuação)

Próteses e Órteses	Próteses são peças artificiais que substituem partes ausentes do corpo. Órteses são colocadas junto a um segmento do corpo, garantindo-lhe melhor posicionamento, estabilização e/ou função.
Adequação postural	Ter uma postura estável e confortável é fundamental para que se consiga um bom desempenho funcional. Fica difícil a realização de qualquer tarefa quando se está inseguro com relação a possíveis quedas ou sentindo desconforto. Um projeto de adequação postural diz respeito à seleção de recursos que garantam posturas alinhadas, estáveis e com boa distribuição do peso corporal. Além desses objetivos, a adequação postural buscará também o controle e a prevenção de deformidades musculoesqueléticas, a melhora do tônus postural, a prevenção de úlceras de pressão, a facilitação das funções respiratórias e digestivas e a facilitação de cuidados. Indivíduos cadeirantes, por passarem grande parte do dia numa mesma posição, serão os grandes beneficiados da prescrição de sistemas especiais de assentos e de encostos que levem em consideração suas medidas, peso, flexibilidade ou alterações musculoesqueléticas existentes.
Auxílios de mobilidade	A mobilidade pode ser auxiliada por bengalas, muletas, andadores, carrinhos, cadeiras de rodas manuais ou elétricas, *scooters* e qualquer outro veículo, equipamento ou estratégia utilizada na melhoria da mobilidade pessoal.

(Quadro 1.1 – conclusão)

Auxílios para cegos ou para pessoas com visão subnormal	Equipamentos que visam à independência das pessoas com deficiência visual na realização de tarefas como: consultar o relógio, usar calculadora, verificar a temperatura do corpo, identificar se as luzes estão acesas ou apagadas, cozinhar, identificar cores e peças do vestuário, verificar pressão arterial, identificar chamadas telefônicas, escrever, ter mobilidade independente etc. Inclui também auxílios ópticos, lentes, lupas e telelupas; os *softwares* leitores de tela, leitores de texto, ampliadores de tela; os *hardwares* como as impressoras braille, lupas eletrônicas, linha braille (dispositivo de saída do computador com agulhas táteis) e agendas eletrônicas.
Auxílios para surdos ou com défice auditivo	Auxílios que incluem vários equipamentos (infravermelho, FM), aparelhos para surdez, telefones com teclado-teletipo (TTY), sistemas com alerta tátil-visual, entre outros.
Adaptações em veículos	Acessórios e adaptações que possibilitam à pessoa com deficiência física dirigir um automóvel, facilitadores de embarque e desembarque como elevadores para cadeiras de rodas (utilizados nos carros particulares ou de transporte coletivo), rampas para cadeiras de rodas e serviços de autoescola para pessoas com deficiência.

Fonte: Elaborado com base em Bersch, 2008.

Em *sites* especializados de outros países, como o *Iowa Compass* (http://www.uiowa.edu/infotech/ATDevice.htm) e o *Rehabtool* (http://www.rehabtool.com/at.html), essa categorização de tecnologia assistiva é mais abrangente. Porém, a categorização proposta pela autora Rita Bersch já é suficiente para que essas adaptações sejam reconhecidas como tecnologia assistiva, e não confundidas com equipamentos da área médica e hospitalar.

Quando desenvolvemos um recurso de tecnologia assistiva para um aluno com deficiência, estamos também contribuindo para o aprimoramento do atendimento dos demais alunos. O desenvolvimento e o uso da tecnologia assistiva fazem com que tenhamos de estudar, conhecer, observar, avaliar e propor novas modificações, tanto em termos dos materiais utilizados quanto em termos da nossa prática docente, que traz como consequência graduais melhorias no processo de ensino-aprendizagem.

Devemos lembrar que a tecnologia assistiva não é o instrumento que fará com que o aluno faça as suas tarefas conforme os demais colegas. A função principal dela é permitir que o estudante faça as atividades do seu jeito, fornecendo a ele autonomia no seu processo de aprendizagem.

Segundo Schirmer et al. (2007, p. 31, grifo do original),

> Fazer tecnologia assistiva na escola é buscar, com criatividade, uma alternativa para que o aluno realize o que deseja ou precisa. É encontrar uma estratégia para que ele possa fazer de outro jeito. É valorizar o seu jeito de fazer e aumentar suas capacidades de ação e interação a partir de suas habilidades. É conhecer e criar novas alternativas para a comunicação, escrita, mobilidade, leitura, brincadeiras, artes, utilização de materiais escolares e pedagógicos, exploração e produção de temas através do computador, etc. É envolver o aluno ativamente, desfiando-se [sic] a experimentar e conhecer, permitindo que construa

individual e coletivamente novos conhecimentos. É retirar do aluno o papel de espectador e atribuir-lhe a função de ator.

Quando damos ao aluno a possibilidade de participar das aulas, permitimos que ele melhore sua autoestima, o que favorece ainda mais a sua aprendizagem. Quando o educando estiver com dificuldade para fazer uma atividade, devemos sempre nos perguntar: O que eu posso modificar para que ele supere ou minimize essa dificuldade? Com certeza, grandes e boas ideias virão, muitas vezes com a utilização de algum recurso que está próximo de nós e que nem precisa ser muito elaborado ou caro. Se você apreender essa informação, certamente parte do objetivo deste livro já foi alcançada.

Síntese

Neste capítulo, estudamos sobre a educação especial, que compreende as adaptações necessárias para atender aos alunos que precisam de métodos, recursos e procedimentos específicos para aprender, e sobre a educação inclusiva, que atende a todos, sem distinção, oferecendo recursos necessários para que o estudante tenha acesso e permanência escolar, além de considerar que ser diferente é uma característica humana e não deve ser vista como uma negativa.

Verificamos que, ao trabalharmos com a inclusão, devemos estar em constante busca pela inovação, pois a tecnologia deve fazer parte de nossa prática pedagógica. Aprendemos também que, quando um recurso especial é usado para dar maior independência ao aluno, é chamado de *tecnologia assistiva*, a qual está presente em diversas áreas em nosso cotidiano.

Indicações culturais

Filme

Meu pé esquerdo. Direção: Jim Sheridan. Irlanda: Miramax Films, 1989. 103 min.

O filme reproduz a história real sobre a vida de Christy Brown, um garoto irlandês que nasceu com paralisia cerebral, sendo que a única parte do corpo que podia controlar com precisão era o seu pé esquerdo. O filme apresenta a trajetória desse garoto, desde a infância e a juventude até tornar-se um escritor, poeta e pintor de sucesso, mostrando as dificuldades que o personagem passou com suas limitações motoras e suas origens humildes.

Vídeo

Tecnologia na educação especial. 23 de abril de 2008. 7 min.

Este vídeo mostra exemplos de como a tecnologia pode auxiliar as pessoas que possuem deficiência. Disponível em: <http://www.youtube.com/watch?v=p7_6J5HrCIk>. Acesso em: 26 abr. 2011.

Livro

Manzini, E. J. (Org.). **Inclusão e acessibilidade**. Marília: ABPEE, 2006.

Nessa obra, José Eduardo Manzini organiza um livro com 15 capítulos que teve como ponto de partida os debates e as discussões realizadas na VIII Jornada de Educação Especial, que aconteceu em 2006, na Universidade Estadual de São Paulo (Unesp). É um livro bastante abrangente, apresentando as experiências ocorridas em outros países, a análise de como está a formação para atuar com alunos com deficiência, o papel das práticas pedagógicas, as políticas em educação especial, a tecnologia assistiva e a acessibilidade, entre outros temas de relevância para a educação nacional.

Atividades de autoavaliação

1. Relacione os itens a seguir de acordo com os conceitos apresentados:

I. Tecnologia assistiva.
II. Inovação.
III. Tecnologia.

( ) Significa novidade ou renovação e se refere a uma ideia, um método ou um objeto que é criado e que difere dos padrões anteriores.

( ) É um conjunto integrado de conhecimentos, técnicas, ferramentas e procedimentos de trabalho que são aplicados na produção de bens e serviços.

( ) É o conjunto de recursos que, de alguma maneira, contribuem para proporcionar às pessoas com deficiência maior independência, qualidade de vida ou inclusão social, potencializando as suas capacidades.

Assinale a alternativa que apresenta a sequência correta:

a) I, III e II.
b) III, II e I.
c) I, II e III.
d) II, III e I.

2. Analise as afirmativas a seguir.

I. A tecnologia assistiva não é o instrumento que fará com que o aluno realize as suas tarefas como os demais colegas. A função principal da tecnologia assistiva é permitir que o aluno faça as atividades do seu jeito, permitindo a ele a autonomia no seu processo de aprendizagem.

II. É comum, principalmente quando se trata de crianças, que haja uma rejeição inicial aos recursos assistivos, a qual deverá ser trabalhada com constantes reforços positivos e com a demonstração dos ganhos de habilidades que a adaptação utilizada trará.

III. É imprescindível fazermos uma avaliação da pessoa que utilizará as adaptações, para que seja definida a tecnologia assistiva mais adequada e que traga benefícios significativos a essa pessoa.

Assinale a alternativa que apresenta as afirmativas que são verdadeiras:

a) Apenas as afirmativas I e II.

b) Apenas as afirmativas II e III.

c) Apenas as afirmativas I e III.

d) As afirmativas I, II e III.

3. Leia as afirmações a seguir sobre educação inclusiva e educação especial, analise-as e marque (V) para as verdadeiras e (F) para as falsas:

( ) A escola inclusiva, em vez de focalizar a deficiência da pessoa, enfatiza o ensino e a escola, bem como as formas e as condições de aprendizagem; em vez de procurar no aluno a origem de um problema, define-se pelo tipo de resposta educativa e de recursos, além de apoios escolares, que ela deve proporcionar a esse aluno para que ele obtenha sucesso escolar.

( ) A escola inclusiva requer a revisão e a ampliação das práticas educativas que superem o trabalho pedagógico tradicional, atendendo não somente as dificuldades de aprendizagem advindas das condições, das limitações e das disfunções, mas também aquelas não vinculadas a uma causa orgânica específica, considerando que, por dificuldades cognitivas, psicomotoras e de comportamento, alunos são frequentemente negligenciados ou mesmo excluídos dos apoios escolares.

( ) Toda vez que um aluno precisar de atendimento diferenciado, seja por causa de uma característica permanente, como a surdez, a paraplegia, a deficiência visual, seja por uma característica de caráter transitório, como uma doença temporária, uma fratura, um distúrbio emocional ou psicológico, estará incluído no conjunto de alunos que fazem parte da educação especial.

Assinale a alternativa que corresponde corretamente à sequência obtida:

a) V, F, V.

b) V, F, F.

c) F, F, V.

d) V, V, V.

4. O aluno Gabriel entrou no primeiro ano numa escola do ensino regular. O diagnóstico desse aluno é de paralisia cerebral. O professor, já no primeiro dia de aula, percebeu que Gabriel consegue segurar um lápis engrossado e até mesmo escrever algumas letras do próprio nome em um caderno com as pautas (linhas) mais largas. Porém, o professor percebeu também que o menino está na sala de aula numa cadeira e mesa comuns, mas possui limitado o seu controle de tronco e frequentemente escorrega da cadeira em que está sentado, não conseguindo retornar à posição adequada, necessitando da constante ajuda dos professores e dos colegas da sala.

Com relação ao texto anterior, analise os itens a seguir:

I. Cadeira com apoio lateral (braço).

II. Apoio de pés.

III. Faixa abdominal para manter a posição adequada do aluno na cadeira.

IV. Tatame (colchonete) para que ele faça todas as atividades deitado.

Quais os itens que representam as adaptações que são mais indicadas para esse aluno?

a) Apenas os itens I e II.

b) Apenas os itens I e IV.

c) Apenas os itens I, II e III.

d) Apenas os itens III e IV.

5. É comum, principalmente quando se trata de crianças, que haja uma rejeição inicial ao uso de uma adaptação ou de um recurso de tecnologia assistiva. Se isso acontecer, qual deverá ser a atitude do professor diante do aluno?

a) O professor deverá recorrer a reforços positivos demonstrando os ganhos de habilidades que a adaptação utilizada trará.

b) O professor deverá deixar de usar o recurso de tecnologia assistiva.

c) O professor deverá aplicar um castigo a esse aluno, fazendo-o sentir medo e forçando-o a usar a adaptação.

d) O uso de adaptações e recursos de tecnologia pelos alunos não é responsabilidade do professor.

Atividades de aprendizagem

Questões para reflexão

1. Para um aluno cadeirante, quais adaptações podem ser realizadas:

a) na escola;

b) na sala de aula;

c) no mobiliário.

2. Para um aluno com deficiência visual, quais tecnologias assistivas poderão e/ou deverão ser disponibilizadas em sala de aula para que ele tenha maior autonomia na realização de suas atividades?

Atividade aplicada: prática

Faça uma visita a uma escola "regular" e pergunte à coordenação ou à direção como a comunidade escolar se prepara para receber os alunos que apresentam necessidades educacionais especiais. Com base no relato, descreva quais ações você considera positivas ou negativas, justificando o porquê de sua escolha.

recursos didáticos adaptados

capítulo 2

Muitos alunos, por causa da deficiência, apresentam dificuldade em fazer as atividades pedagógicas porque não conseguem utilizar lápis, caderno e outros materiais escolares convencionais. Por isso, devemos, em grande parte dos casos, empregar materiais pedagógicos específicos ou adaptar os existentes para permitir que os alunos consigam usá-los de forma produtiva.

Neste capítulo, iremos descrever os principais recursos utilizados por alunos com deficiência visual e com deficiência físico-motora, que, devido às suas características, necessitarão de maiores adaptações nos materiais didáticos, além de elencarmos as barreiras arquitetônicas presentes na escola, as quais dificultam a mobilidade dos alunos dentro do ambiente escolar.

2.1 Barreiras arquitetônicas nas escolas

Discorremos até agora sobre o atendimento diferenciado para servir os alunos com necessidades educacionais especiais. Porém, é necessário falarmos sobre as barreiras arquitetônicas que podemos encontrar no ambiente escolar. Elas compreendem todos os obstáculos que impedem ou dificultam a locomoção da pessoa com deficiência.

A Lei nº 10.098, de 19 de dezembro de 2000, chamada de *Lei de Acessibilidade*, a qual estabelece as normas gerais para a promoção da acessibilidade das pessoas portadoras de deficiência ou com mobilidade reduzida, "mediante a supressão de barreiras e de obstáculos nas vias e espaços públicos, no mobiliário urbano, na construção e reforma de edifícios e nos meios de transporte e de comunicação" (Brasil, 2000), traz as seguintes definições em seu art. 2º:

> *I – acessibilidade: possibilidade e condição de alcance para utilização, com segurança e autonomia, dos espaços, mobiliários e equipamentos urbanos, das edificações, dos transportes e dos sistemas e meios de comunicação, por pessoa portadora de deficiência ou com mobilidade reduzida;*
>
> *II – barreiras: qualquer entrave ou obstáculo que limite ou impeça o acesso, a liberdade de movimento e a circulação com segurança das pessoas, classificadas em:*
>
> *a) barreiras arquitetônicas urbanísticas: as existentes nas vias públicas e nos espaços de uso público;*
>
> *b) barreiras arquitetônicas na edificação: as existentes no interior dos edifícios públicos e privados;*

c) barreiras arquitetônicas nos transportes: as existentes nos meios de transportes;

d) barreiras nas comunicações: qualquer entrave ou obstáculo que dificulte ou impossibilite a expressão ou o recebimento de mensagens por intermédio dos meios ou sistemas de comunicação, sejam ou não de massa;

Para que o direito à acessibilidade seja cumprido e, dessa forma, todas as pessoas consigam usar com autonomia e segurança os mobiliários, equipamentos e transportes, há a necessidade de eliminar as barreiras arquitetônicas urbanísticas nas edificações, nos transportes e na comunicação.

Antes de falarmos sobre as barreiras arquitetônicas existentes na escola, devemos pensar também sobre como as pessoas com deficiência, em especial com deficiência visual e físico-motora, fazem para chegar até a escola. Muitos alunos com essas deficiências não vão a uma escola ou desistem dela porque não podem fazer o trajeto de sua casa até a instituição escolar sem a ajuda de outra pessoa, geralmente um parente ou amigo.

Será que um aluno cego, ou com baixa visão, ou cadeirante, ou muletante consegue ir e voltar da escola sozinho e com autonomia?

Para que isso seja possível, há a necessidade de que o trajeto da casa à escola esteja livre de obstáculos que prejudiquem sua locomoção. Nesse sentido, para um aluno cadeirante ou muletante, as calçadas não devem possuir buracos, desníveis ou ser escorregadias; nas esquinas, os meios-fios devem ser rebaixados; as mesas e as cadeiras de bares e lanchonetes não devem estar nas calçadas; os ônibus do transporte público devem ter elevadores especiais, além de um local próprio destinado às pessoas em cadeiras de rodas em seu espaço interno. Já para o deficiente visual, o trajeto casa-escola deve estar livre de obstáculos como cabines telefônicas, vegetações em locais inadequados, placas em locais de circulação de pessoas, além de possuir guia tátil ou de sinalização no piso e semáforos providos com sistema sonoro para indicar se ele está aberto ou fechado para a passagem de pedestre.

O ambiente público que envolve o trajeto das pessoas com deficiência não deve constituir-se de um espaço de exclusão social, mas, sim, de um espaço que permita a integração, a convivência e a utilização por todos. O projeto e a construção de ambientes livres de barreiras arquitetônicas favorecem a integração e a participação das pessoas em todas as atividades sociais e, portanto, a participação de todos nas escolas. Em algumas cidades já existem várias dessas iniciativas, mas que infelizmente ainda não é a realidade para a grande parte dos pequenos municípios.

Vamos analisar agora o ambiente escolar: quando falamos em uma escola livre de barreiras arquitetônicas, dizemos que ela possui as adequações necessárias para que todos os alunos tenham acesso a todos os setores: biblioteca, laboratório de informática, cantina, ginásio de esportes etc.

Por exemplo, o laboratório de informática deve estar numa sala onde todos os alunos possam ter fácil acesso. Porém, por motivo de segurança, esses laboratórios, principalmente de escolas regulares, são alocados em pisos superiores que não possuem rampas para o ingresso de alunos com deficiência física. Com isso, esses alunos têm de ser carregados degraus acima e abaixo nos braços dos professores, correndo o risco de uma queda. Acontecem casos em que esses estudantes, que são os que mais precisam do uso da informática, não participam das atividades pela dificuldade de chegarem ao laboratório. Mesmo quando há elevadores ou o laboratório está no piso térreo, podemos encontrar outra barreira, mais simples de ser resolvida: a existência de degraus na entrada do laboratório. No caso de pequenos degraus, podemos providenciar uma rampa, que pode ser uma tábua colocada de forma que fique numa inclinação pequena, o que dará autonomia ao aluno cadeirante ou facilitará o acesso quando ele estiver sendo auxiliado por outra pessoa.

Se a nossa escola possui diversos andares e não há a possibilidade de implantar um elevador ou de colocar rampas com corrimão, o que se pode fazer é colocar todas as salas que os estudantes irão usar no piso térreo. Devemos considerar também que muitas vezes a utilização da rampa acaba sendo um obstáculo, pois pode ser construída com uma inclinação muito elevada, ou, se o aluno tiver grande dificuldade em locomover-se, pode perder muito tempo nesse trajeto. A largura dos corredores ou das portas também pode ser outra dificuldade para estudantes cadeirantes, se forem muito estreitas. Conforme a Associação Brasileira de Normas Técnicas – ABNT (2004, p. 51): "as portas, inclusive de elevadores, devem ter um vão livre mínimo de 0,80 m e altura mínima de 2,10 m. Em portas de duas ou mais folhas, pelo menos uma delas deve ter o vão livre de 0,80 m".

Precisamos ficar atentos também às barreiras internas para estudantes cegos ou com baixa visão, tais como colunas, degraus, bebedouros, cabines telefônicas, buracos ou saliências no chão. O ideal é sinalizarmos esses obstáculos por meio do uso da pista tátil, que é um revestimento com uma textura específica, colocado em calçadas e locais de circulação de pessoas.

Devemos observar também se há um banheiro adaptado aos alunos com deficiência física. A porta deverá ser mais larga, a maçaneta deve estar a uma altura adequada, a pia deverá ser rebaixada para que o aluno consiga utilizá-la de sua cadeira de rodas e o vaso sanitário deverá possuir, ao seu redor, um espaço maior que permita a entrada da cadeira de rodas, além da transposição do aluno ao vaso sanitário. Para que o estudante consiga fazer a transposição, irá necessitar de barras laterais, geralmente presas nas paredes, para se segurar.

Na sala de aula, devemos estar atentos para o posicionamento e para a locomoção do aluno com deficiência. Todos os educandos devem conseguir chegar até sua carteira. Para os alunos com deficiência física, deverá haver um espaço maior ao redor de sua carteira que permita passar a cadeira de rodas. Para o estudante com deficiência visual, não poderão existir obstáculos no seu trajeto, como lixeira ou "peso" para manter a porta aberta, além de outros, como mochilas no chão.

As barreiras arquitetônicas são inúmeras, e não é nosso objetivo, aqui, descrevermos todas, já que cada escola possui uma realidade diferente e cada aluno terá uma necessidade específica de locomoção. Há a Lei nº 10.098, chamada de *Lei de Acessibilidade*, que estabelece as normas gerais para suprimir as barreiras arquitetônicas para as pessoas com deficiência.

Cabe a nós, professores, tomarmos conhecimento de que essas barreiras existem e podem (e devem) ser eliminadas para que todos os alunos possam circular dentro de todo o espaço escolar: cantina, quadra de esportes, laboratório de informática, secretaria, biblioteca e demais dependências escolares.

Dessa forma, estaremos dando um passo a mais no caminho de uma escola e de uma sociedade realmente inclusiva, que permita a participação de todos.

2.2 Recursos didáticos

Antes de iniciarmos a discussão sobre os recursos didáticos, vamos analisar o Parecer nº 17/2001 do Conselho Nacional de Educação (Brasil, 2001a):

> *Todos os alunos, em determinado momento de sua vida escolar, podem apresentar necessidades educacionais especiais, e seus professores, em geral, conhecem diferentes estratégias para dar respostas a elas. No entanto, existem necessidades educacionais que requerem, da escola, uma série de recursos e apoios de caráter mais especializado, que proporcionem ao aluno meios para acesso ao currículo.*

Dessa forma, conhecer os principais recursos e estratégias para o atendimento escolar de alunos que apresentam necessidades educacionais especiais é responsabilidade do professor, mas, no exercício de sua profissão, a escola deverá prover condições necessárias para garantir que o estudante tenha acesso ao currículo.

Fernandes, Antunes e Glat (2007) afirmam que no contexto da educação especial e da inclusiva existem dois tipos de adaptações curriculares: as adaptações de acesso ao currículo, referentes à eliminação das barreiras arquitetônicas, à adaptação das metodologias, da comunicação e às demais medidas que visem à plena participação nas atividades pedagógicas; e as adaptações pedagógicas, que são relacionadas à apresentação dos conteúdos e à realização das atividades de adaptações pedagógicas executadas na apresentação dos conteúdos, nos materiais pedagógicos e nas atividades que serão trabalhadas pelos alunos.

Quando vamos preparar uma aula, sempre pensamos em quais recursos didáticos poderemos utilizar para facilitar a aprendizagem de nossos alunos. Mas o que são recursos didáticos?

Conforme Cerqueira e Ferreira (1996), os recursos didáticos:

> são todos os recursos físicos, utilizados com maior ou menor frequência em todas as disciplinas, áreas de estudo ou atividades, sejam quais forem as técnicas ou métodos empregados, visando auxiliar o educando a realizar sua aprendizagem mais eficientemente, constituindo-se num meio para facilitar, incentivar ou possibilitar o processo ensino-aprendizagem.

Ao trabalharmos com alunos com necessidades educacionais especiais, temos de considerar que esses alunos poderão ter dificuldade em usar alguns dos recursos didáticos, e, por esse motivo, teremos de adaptá-los de acordo com as necessidades dos educandos. Esse processo é dinâmico e envolve uma avaliação constante, conforme os alunos superem suas próprias dificuldades e criem novas habilidades.

O uso de recursos didáticos implica uma escolha mais criteriosa, já que eles deverão estar adequados tanto aos objetivos, aos conteúdos e ao grau de desenvolvimento dos alunos quanto às funções a serem desenvolvidas – cognitivas, afetivas, motora –, além de apresentarem outras características como simplicidade, fácil manejo, baixo custo e atratividade (Haydt, 1997).

Antes de propormos uma adaptação ou uma modificação no material didático para os alunos, devemos buscar o maior número de informações possíveis. Por exemplo, como é a sua comunicação, quais recursos ele já utiliza em casa ou em outros lugares, como ele escreve etc., para definir quais adaptações ou modificações serão necessárias. Para isso, devemos conversar com os familiares buscando todas as informações que nos auxiliarão a realizar o trabalho em sala de aula. Devemos também solicitar os relatórios das escolas pelas quais o aluno passou, para verificarmos como está seu desenvolvimento pedagógico, e os relatórios de outros profissionais que o atenderam, como fisioterapeutas, terapeutas ocupacionais, fonoaudiólogos, psicólogos, psicopedagogos, reeducadores visuais etc., para termos uma visão das áreas afetadas, trabalhos que vinha desenvolvendo nesses setores e quais os avanços e as dificuldades que o educando teve.

A busca de informações não para por aí! Temos agora de realizar uma avaliação diagnóstica tanto dos interesses e dos conhecimentos que o aluno já possui quanto da área afetada pela deficiência, para podermos ter a nossa percepção sobre esse estudante e escolher quais adaptações ele poderá usar.

Quanto mais informações tivermos sobre os alunos, maiores serão as chances de propormos o uso de um recurso que venha ao encontro das necessidades deles e que poderá auxiliá-los na realização das atividades escolares.

A seguir, elencamos alguns recursos didáticos adaptados que facilitarão a aprendizagem dos alunos com deficiência.

2.3 Recursos adaptados para o aluno com deficiência visual

Grande parte dos conhecimentos que adquirimos ao longo da vida é obtida através da visão. Quando um aluno tem comprometido esse canal de aprendizagem, deverá desenvolver outras formas de interação com os estímulos para que possa compensar essa deficiência. Assim, os materiais e os recursos didáticos para alunos com deficiência visual devem estimular a exploração e o desenvolvimento de outros sentidos. Ao trabalharmos com educandos com baixa visão, devemos adequar o material didático de forma a torná-lo motivador com estímulos visuais contrastantes e táteis.

Quando uma criança possui baixa visão, ela acaba apresentando falhas na interpretação da realidade de seu entorno, bem como em relação ao tamanho, à forma e às cores dos objetos. Em decorrência disso, a criança terá dificuldade em utilizar livros comuns, mesmo que estes sejam ampliados, já que os livros apresentam uma diversa gama de formas e cores que se tornam impossíveis de serem percebidas e interpretadas.

Portanto, devemos estar atentos para que essa criança esteja realmente conseguindo interpretar de forma correta todos os estímulos ao seu redor. Para isso, ela poderá utilizar alguns recursos especiais, que são classificados em recursos ópticos e não ópticos.

Os recursos ópticos estão relacionados aos equipamentos que aumentam as imagens, facilitando sua identificação por pessoas que possuem dificuldade visual. Nessa categoria estão os óculos com lentes especiais, as lupas manuais ou eletrônicas e os telescópios. Esses recursos devem ser propostos por oftalmologista, que, através de exames específicos, poderá determinar o grau mais adequado de ampliação. Os recursos não ópticos compreendem as modificações feitas sem o uso de lentes e que permitem melhor visualização para pessoas com visão subnormal, como livros e revistas com textos e imagens ampliados, colocação de adesivos com letras maiores no teclado do computador, configuração do computador para que exiba informações maiores e com mais contrastes. Podemos também considerar a iluminação adequada, com eliminação de sombras, o posicionamento a uma distância adequada do quadro de giz e a utilização da escrita em Braille[1] como recursos não ópticos.

Os recursos didáticos mais utilizados para alunos com visão subnormal são cadernos com linhas mais grossas e espaçadas, lápis com grafite com diâmetro maior e com tonalidade mais forte, atividades impressas ampliadas e materiais didáticos com cores fortes e contrastantes.

Quando o estudante é cego, ele precisa conhecer alguns equipamentos para poder participar mais ativamente das aulas, como a reglete e o punção, usados na escrita em Braille. Além disso, ele deve dominar esse código de leitura e escrita tátil, o sorobã – que é utilizado para auxiliar na realização de cálculos –, e outros dispositivos, como gravador de voz, máquina de escrever em Braille – a qual permite maior rapidez na escrita –, e o próprio uso do computador com *software* específico.

---

1. O Sistema Braille é um sistema de leitura e escrita tátil que consta de seis pontos em relevo, dispostos em duas colunas de três pontos. Os seis pontos formam o que se convencionou chamar de *cela braille*. A diferente disposição desses seis pontos permite a formação de 63 combinações ou símbolos em Braille (Bengala Legal, 2010).

Ao confeccionar materiais para alunos com deficiência visual, devemos estar atentos a algumas características que aumentam a eficiência de sua utilização, como o tamanho adequado do material, possibilitando que o educando consiga tanto perceber os pequenos detalhes quanto consiga ter uma percepção do todo; utilização de diferentes texturas, organizadas de forma que o estudante perceba as partes distintas do material; escolha das cores, que devem ser contrastantes para que o aluno com baixa visão consiga diferenciá-las; uso de proporções adequadas, para que ele consiga internalizar uma imagem mais próxima da imagem real. Além disso, esses materiais devem ser resistentes e não podem apresentar risco aos educandos, como um canto afiado, que pode fazer com que eles se machuquem.

Quando vamos trabalhar a formação de conceitos de elementos que não são possíveis de serem apreendidos pelo tato, devemos trabalhar com modelos. Por exemplo, se estamos trabalhando com os conceitos de planalto e planície, podemos construir uma maquete com uma representação desses conceitos e até mesmo favorecer a aprendizagem da noção do tamanho utilizando a proporção, fazendo com que o aluno compare o tamanho da maquete com algum outro objeto que ele já conheça. Mas, para isso, a maquete e o objeto devem apresentar a mesma proporção de tamanho. Para trabalhar com mapa, podemos fazer o seu contorno com barbante, cola ou organizar as principais divisões dele com diferentes texturas.

Os livros poderão ser ampliados para os estudantes com baixa visão e transcritos em Braille para alunos cegos. Outra opção é transformar o livro em um arquivo digital que poderá ser ouvido em um computador através de um *software* sintetizador de voz. Temos também diversos "livros falados" didáticos e de literatura, que podem ser ouvidos através do computador ou de um tocador de MP3.

Grande parte dos materiais que usamos com todos os estudantes poderá ser utilizada pelos alunos com deficiência visual, como o material dourado e o alfabeto móvel. Em outros materiais, podemos realizar algumas modificações que facilitarão a utilização por esses alunos deficientes, como fazer marcações em Braille nas fitas métricas, aumentar o tamanho dos números das réguas, representar as figuras geométricas com EVA ou papelão, criar um dominó de texturas, confeccionar um jogo de damas com velcro e peças com diferentes relevos, adaptar o globo terrestre colando em cada continente (ou país) uma textura diferente etc.

Na adaptação de um material pedagógico para alunos cegos, temos de levar em consideração que ele vai depender do tato para "ver" e manuseá-lo. Quando o estudante já domina a leitura em Braille, podemos usar esse recurso para ele identificar esse instrumento pedagógico. Se ele ainda não domina essa leitura, deveremos usar diferentes texturas ou relevos para que ele possa identificá-los ao manusear esses materiais.

Além dos materiais, algumas atividades deverão ser adaptadas para que o estudante compreenda e consiga realizá-las. Dessa forma, os desenhos, os símbolos e os diagramas presentes nas atividades deverão ser descritos oralmente. Ao passar um filme, o professor deverá descrever todo o contexto da história do filme, além de descrever as personagens, para que, ao ouvir o filme, o aluno consiga compreendê-lo melhor. As atividades de educação física também poderão ser adaptadas para permitir que o educando participe mais ativamente das aulas. Nesse caso, podemos usar cordas para delimitar o espaço e bolas com guiso para que ele saiba a localização delas, por exemplo. O professor também poderá propor algumas atividades em que todos os alunos fiquem na mesma situação do aluno com deficiência visual, solicitando que aqueles realizem a atividade com vendas nos olhos, o que possibilitará um grande aprendizado para a turma toda.

As adaptações que iremos realizar dependerão das necessidades específicas de cada discente. Quase todos os recursos que utilizamos com frequência podem ser adaptados para serem usados pelos estudantes com deficiência visual. Cabe ao professor pesquisar quais adaptações existem e, com um toque pessoal de criatividade, modificá-las para usar com eles.

2.4 Recursos adaptados para o aluno com deficiência física

A área da deficiência física é a que possui mais recursos que podem ser adaptados, já que teremos de compensar a falta de mobilidade e coordenação motora que os alunos possuem para realizar as atividades. Como esse grupo possui características que são muito singulares, e em graus diferentes, antes de propormos uma adaptação teremos de fazer uma rigorosa avaliação de suas habilidades motoras, coordenação e postura. Lembramos que, se o aluno consegue fazer uma atividade sem precisar de adaptações, é melhor, pois com o tempo ele acabará desenvolvendo novas habilidades e conseguirá realizar as suas tarefas com independência e maior produtividade.

a | Cadeiras

A primeira preocupação que devemos ter ao receber um estudante com deficiência física é em relação ao seu posicionamento na cadeira em sala de aula. Uma boa postura é fundamental para o rendimento em qualquer atividade que o aluno realizará. Para isso, precisamos avaliar cada um individualmente.

Na maioria das vezes, eles preferem sair da cadeira de rodas e fazer suas atividades em cadeiras comuns (ou com pequenas adaptações). Em alguns casos, eles ficam bem posicionados em suas cadeiras de rodas e não necessitam fazer a transposição para cadeiras comuns. Quando o aluno consegue fazer a transposição sozinho, devemos solicitar que sempre a faça na nossa presença ou na de outro profissional, pois, se precisar de ajuda, terá a quem recorrer. Agora, quando ele precisa de ajuda, o ideal é que essa transposição seja feita com o auxílio de dois profissionais. Um profissional segura o aluno por trás, pelas axilas, e o outro pela frente, pelos joelhos. Não devemos nos esquecer de posicionarmos bem a cadeira de rodas e deixá-la com o freio acionado nesse processo.

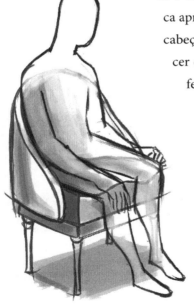

Figura 2.1 – Exemplo de cadeira adaptada

Se o educando com deficiência física apresentar um bom controle de cabeça e tronco, deverá permanecer em cadeiras comuns, de preferência com apoios (braços) laterais. Devemos verificar se os pés dele estão apoiados no chão. Caso não estejam, devemos colocar um apoio de pés, que pode ser uma pequena caixa de madeira ou uma lista telefônica encapada. Em alguns casos, teremos de colocar faixas na altura do abdome, evitando que ele escorregue de sua cadeira. Quem pode indicar corretamente qual mobiliário é o mais adequado é um profissional da área de terapia ocupacional, um fisioterapeuta ou um ortopedista. Muitas vezes, o próprio aluno nos diz de qual forma ele fica mais confortável. Porém, sempre devemos observar se ele não está pendendo para os lados ou para a frente e se está bem posicionado, com a cintura e os joelhos formando um ângulo de 90 graus.

Para os estudantes que não apresentam controle de tronco, podemos usar cadeiras adaptadas, como a apresentada na Figura 2.1, a qual possui uma inclinação do assento, com uma pequena elevação da parte anterior, que evita que eles escorreguem da cadeira. O encosto abaulado auxilia na sustentação do tronco e evita que os alunos pendam para o lado.

Quando o aluno utiliza essa cadeira, muitas vezes não necessita do uso de faixas para auxiliá-lo em seu posicionamento.

b | Cadeira de chão ou triângulo

A cadeira de chão (Figura 2.2) é confeccionada de forma triangular com freio (pino) de madeira na parte anterior e central do assento, além de conter uma faixa para sustentar o tronco do aluno. Essa adaptação permite que o educando fique sentado e possa realizar atividades no chão. Devemos apenas tomar o cuidado

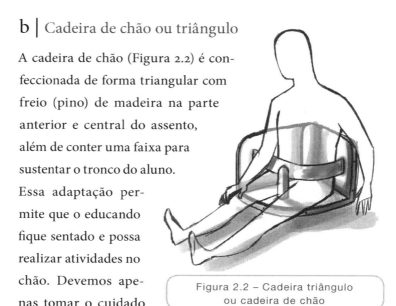

Figura 2.2 – Cadeira triângulo ou cadeira de chão

para que o freio não machuque a criança. O ideal é utilizar uma cadeira igual à apresentada na Figura 2.1, apenas retirando-se as pernas dela.

c | Carteiras

As carteiras também devem ser adaptadas para melhorar a produtividade dos alunos. Para alguns estudantes com comprometimento motor, podemos usar uma mesa com o tampo inclinado, que facilita a leitura e a escrita. Essa inclinação varia de acordo com a necessidade de cada caso. As carteiras poderão ter uma concavidade na parte anterior, conforme ilustra a Figura 2.3, visando facilitar a proximidade do tronco do aluno à mesa.

Quando o aluno cadeirante for usar uma carteira, ela, dependendo do caso, deverá ser mais larga e profunda para que a cadeira de rodas se encaixe na mesa, e a altura dependerá da altura da cadeira de rodas, a qual pode variar de tamanho. É interessante que a carteira tenha uma pequena borda em seu tampo, que vai ajudar a manter o lápis e as canetas em

Figura 2.3 – Carteira adaptada para aluno com comprometimento motor

cima da mesa, mesmo que rolem devido a um movimento involuntário do aluno. A Figura 2.3 mostra um exemplo de carteira adaptada para um aluno com deficiência física.

Quando o aluno possui movimentos involuntários dos membros inferiores (pernas), podemos revestir a parte de baixo do tampo da carteira com espuma coberta com napa (Figura 2.4), diminuindo, assim, o impacto dos membros na carteira e evitando que o estudante se machuque. Para diminuir a amplitude dos movimentos de reflexos involuntários das pernas, podemos também colocar uma faixa na altura dos joelhos desse aluno, prendendo uma perna na outra.

Figura 2.4 – Carteira revestida com espuma para proteger alunos com movimentos involuntários

d | Suporte para o prato

Devemos, sempre que possível, favorecer a alimentação autônoma do aluno, principalmente quando ele possui deficiência física. Pelo fato de alguns estudantes não possuírem total controle dos movimentos dos braços, é comum que encontrem dificuldade em sua alimentação. Assim, algumas adaptações podem ser necessárias, sempre lembrando que a participação do corpo técnico, da família e do próprio aluno é fundamental para o sucesso da definição e do uso dessas adaptações.

O prato para comida pode ser fixado na mesa para facilitar a alimentação do aluno que não possui controle dos movimentos dos braços. Pratos com bordas mais altas (Figura 2.5) auxiliam o estudante a conseguir pegar o alimento com a colher. Essa adaptação, geralmente, é usada por ele nos primeiros treinos para se alimentar sozinho. Com o passar do tempo, e quando for possível, poderemos iniciar o treino da alimentação em pratos normais.

Porém, cabe lembrar que alguns alunos que possuem uma deficiência mais grave poderão necessitar do auxílio de um profissional no momento da alimentação. É importante que vários profissionais da escola saibam como alimentar esse estudante, bem como quais alimentos são os mais indicados para ele, pois, se apenas uma pessoa (o inspetor ou o professor auxiliar) souber esse procedimento, ou quando ela não estiver presente, outros profissionais poderão encontrar dificuldade em realizar essa tarefa. Mas qualquer pessoa pode fazer essa tarefa, basta perguntar ao aluno que ele dará as dicas sobre qual é o melhor modo para ele ser alimentado.

Figura 2.5 – Prato com borda alta fixado na mesa

e | Talheres adaptados

Alguns alunos, principalmente os com paralisia cerebral, não conseguem realizar, com controle, todos os movimentos com a mão e o braço. Para eles, geralmente, é melhor utilizar uma colher, a qual deverá ter um ângulo lateral em torno de 90 graus. Podemos engrossar o cabo da colher para que esses alunos tenham mais facilidade em segurá-la ou, ainda, colocar uma camada de chumbo no cabo para ajudar a diminuir os eventuais movimentos involuntários que eles possuem. A Figura 2.6 mostra uma colher adaptada com cabo recoberto com uma camada de chumbo. Podemos adaptar uma colher comum fazendo a inclinação e/ou colocando um cabo engrossado com fita crepe ou EVA.

Figura 2.6 – Colher adaptada

f | Pulseiras de chumbo ou pulseiras de peso

As pulseiras de chumbo ou pulseiras de peso (Figura 2.7) são pulseiras confeccionadas em lona (ou *jeans*) com bolinhas ou barras de chumbo no interior. Nas extremidades, são colocadas tiras de velcro para prendê-las ao braço do aluno. Elas auxiliam, principalmente, os estudantes com paralisia cerebral atetósica, a qual se caracteriza por constantes movimentos involuntários. Ao colocar um peso no braço, a pessoa

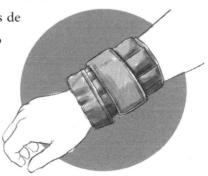

Figura 2.7 – Pulseira de chumbo ou pulseira de peso

consegue controlar melhor os movimentos, já que a amplitude dos movimentos será reduzida, auxiliando-a, assim, nas atividades manuais. O peso dessas pulseiras deverá ser determinado, de acordo com cada caso, pela avaliação do terapeuta.

g | Materiais com cabo engrossado

O lápis engrossado (Figura 2.8) auxilia os alunos que possuem dificuldade na coordenação motora fina e que encontrarão um impedimento em segurar um lápis comum, pois este é muito fino para eles segurarem com precisão. Esse recurso pode ser confeccionado com um pedaço de cabo de vassoura, com uma espuma ou até mesmo enrolando-se fita crepe. Por ser o lápis mais grosso, o estudante consegue segurá-lo firmemente e, com isso, escrever melhor. Podemos usar a mesma ideia para uma caneta ou um giz de cera.

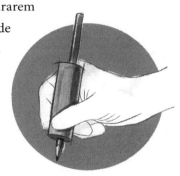

Figura 2.8 – Lápis engrossado

Da mesma forma, podemos engrossar o cabo de diversos materiais que o estudante usa em sala de aula, facilitando a utilização desses materiais com mais autonomia. Na Figura 2.9, apresentamos outro material que pode ser engrossado com espuma.

Figura 2.9 – Exemplo de material que pode ser engrossado para facilitar a utilização pelos alunos com deficiência física

h | Apontador adaptado

Apontar um lápis é uma tarefa muito difícil para os alunos com deficiência física, já que exige determinada coordenação motora e uso das duas mãos. Podemos colar ou prender o apontador em uma base, sendo que, dessa forma, o estudante precisará fazer apenas o movimento com o lápis utilizando uma de suas mãos, e não ambas. Na Figura 2.10, apresentamos uma figura de um apontador colado em um pedaço de madeira, o qual auxilia o estudante a apontar o próprio lápis.

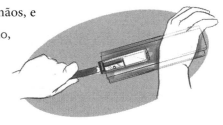

Figura 2.10 – Apontador adaptado para lápis

i | Adaptação para virar as páginas de um livro

Para que o aluno consiga virar uma página de cada vez de um livro, podemos colar no canto inferior de cada página um pedaço de velcro (fêmea), conforme a Figura 2.11. O velcro dará um espaço entre cada página, possibilitando ao estudante a manipulação delas em determinado livro. E, para o aluno que possui uma dificuldade mais acentuada, podemos costurar um pedaço de velcro (macho) em uma luva, a qual ele usará

Figura 2.11 – Livro adaptado

para folhear o livro. Dessa forma, basta ele encostar a luva na página desejada para conseguir virá-la.

j | Tesoura adaptada

Para os estudantes com deficiência física que possuem dificuldade de preensão, usar uma tesoura pode se tornar uma tarefa impossível. Porém, podemos adaptá-la! Para isso, colocamos no cabo um arame rígido envolto por um cano plástico, formando um arco. Assim, o estudante terá apenas de apertar esse arco para poder usar a tesoura (Figura 2.12).

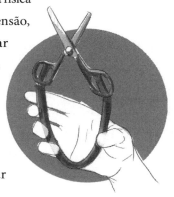

Figura 2.12 – Tesoura adaptada

k | Material dourado ampliado

O material dourado padrão é muito pequeno e pode dificultar ou impossibilitar o seu uso por alunos com deficiência física. O ideal é que ele possa ser ampliado, pois, mesmo com um pouco de dificuldade motora, o aluno conseguirá manuseá-lo, conforme a Figura 2.13.

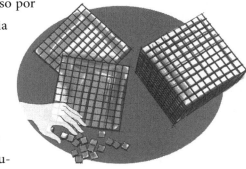

Figura 2.13 – Material dourado ampliado

1 | Estabilizador de punho e abdutor de polegar

Muitos alunos com deficiência física acabam adquirindo posicionamento não adequado da mão. Geralmente, o polegar vai de encontro ao centro da mão, fazendo-a ficar fechada, além de permanecer, muitas vezes, flexionada para o lado. Se a mão estiver mal posicionada, o estudante perderá grande parte da função dela. O estabilizador de punho e abdutor de polegar (Figura 2.14) tem o objetivo de posicionar corretamente a mão do aluno para que ela não perca a sua função. Na ponta dessa adaptação, podemos colocar um lápis e, assim, o estudante poderá escrever e desenhar. Esse recurso poderá ser usado, também, em outras atividades, como escovar os dentes ou se alimentar. Para isso, coloca-se na ponta, ao invés do lápis, uma escova de dentes ou uma colher.

Figura 2.14 – Estabilizador de punho e abdutor de polegar

m | Plano inclinado

Muitos alunos têm mais facilidade em escrever no plano inclinado. Isso dependerá, é claro, de uma avaliação de cada caso. Para facilitar a escrita, podemos usar algumas adaptações (pranchas, conforme apresentado na Figura 2.15) que foram confeccionadas para esse fim ou, ainda, adaptar a própria carteira do aluno colocando uma base que permita que a mesa seja inclinada o suficiente para ele escrever. Essa é uma típica adaptação em que a participação do estudante será fundamental para a definição do uso. É importante que deixemos que ele utilize tanto uma carteira normal quanto uma adaptada, e diga-nos em qual consegue trabalhar melhor. Quando o aluno opta por trabalhar no plano inclinado, temos de, com o passar do tempo, ir diminuindo gradualmente a inclinação para que ele consiga utilizar uma carteira normal. Lembramos novamente que cada caso deve ser avaliado isoladamente, pois alguns alunos conseguirão escrever somente no plano inclinado.

Figura 2.15 – Prancha inclinada

n | Alfabeto móvel com velcro

Quando um aluno apresenta movimentos involuntários, pode não conseguir usar sozinho o alfabeto móvel, pois esses movimentos, geralmente, espalham as letras que ele está usando.

Para fixar as letras do alfabeto móvel, podemos usar o velcro (Figura 2.16) ou um quadro imantado. Com a utilização dessas adaptações, mesmo se o aluno vier a ter algum movimento involuntário, as letras que estão fixas não se espalharão. Além disso, podemos usar uma base com uma (ou mais) tira de velcro (fêmea) ou colar uma tira na própria carteira do aluno e na parte de trás das peças do alfabeto móvel.

Figura 2.16 – Alfabeto móvel com velcro

o | Pulseira com ímã e quadro metálico

Para ajudar a inibir os movimentos involuntários de um estudante com deficiência física, podemos usar uma pulseira com ímã e um quadro metálico (Figura 2.17). Assim, o braço dele ficará sempre posicionado sobre o quadro, o que facilitará a escrita.

Figura 2.17 – Pulseira com ímã e quadro metálico

p | Comunicação alternativa

Comunicação alternativa é o termo usado para definir outras formas de comunicação não convencionais, como o uso de gestos, língua de sinais, expressões faciais, pranchas de símbolos, alfabeto e palavras ou, ainda, o uso de sistemas sofisticados de computador com voz sintetizada (Glennen, 1997).

A comunicação alternativa é fundamental para a aprendizagem dos alunos que não possuem a oralidade funcional. Vamos pensar em um educando que teve paralisia cerebral e que, além de não ter o controle dos movimentos para a escrita e para o uso de Libras (Língua Brasileira de Sinais), ainda não consegue falar.

Como esse aluno se comunica com as outras pessoas? Como ele pode interagir nas aulas e ser avaliado?

Esse é um caso em que a comunicação alternativa deve ser empregada. O estudante poderá utilizar uma prancha de comunicação (Figura 2.18) com símbolos que permitam a interação com outras pessoas. Assim, ele apontará os símbolos que representam as respostas ou o que ele quer expressar. Quando ele está alfabetizado, essa prancha deverá conter as letras, as palavras e as frases que usa com mais frequência. Para cada estudante, deverá ser construída uma prancha considerando a necessidade de comunicação e o controle motor para apontar os símbolos, as letras ou as palavras. Um aluno que tenha movimentos mais amplos necessitará de uma prancha maior. Além disso, o estudante que possuir um controle maior poderá usar uma prancha menor ou uma espécie de livro com várias pranchas, que, por possuir uma quantidade maior de palavras, possibilitará uma comunicação mais precisa.

Há casos em que o aluno não consegue usar a prancha de comunicação porque não consegue indicar os símbolos, as letras ou as palavras. Para esse caso, devemos estabelecer com ele um sinal para o sim e outro para o não. Esse sinal pode ser o piscar dos olhos, uma expressão facial ou um movimento que ele consiga controlar. Dessa forma, podemos, por exemplo, realizar uma avaliação, desde que seja objetiva, perguntando ao educando se a resposta correta é a primeira opção, a segunda, a terceira etc. Nesse caso, devemos ter o cuidado de sempre elaborar perguntas cujas respostas sejam sim ou não.

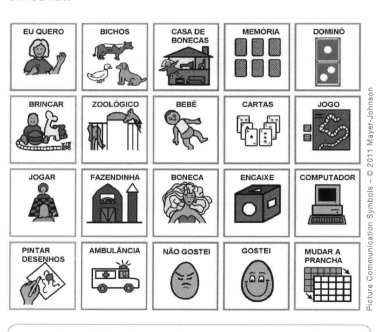

Figura 2.18 – Exemplo de prancha de comunicação

q | Aulas de educação artística e de educação física

Para as atividades de educação artística, o professor poderá adaptar os materiais utilizados nas aulas, como engrossar o giz de cera ou o cabo do pincel, e usar um papel com tamanho maior ou uma prancha inclinada, a qual facilitará o desenho e a pintura. É importante que o professor dê ao aluno o tempo necessário para que ele inicie e termine as tarefas, nem que para isso o estudante faça menos atividades que os demais colegas. Nesse caso, é importante que o educando, por exemplo, use duas aulas para fazer cada atividade. Cabe ao professor fazer a adaptação curricular e definir quais tarefas são as mais importantes e significativas para esses alunos. A autonomia deve ser constantemente estimulada; portanto, o professor sempre deverá intervir o mínimo possível na realização das atividades desses alunos.

Nos exercícios de educação física, o professor poderá utilizar bolas maiores e/ou mais leves, diminuir o espaço do ambiente, adaptar os materiais e as regras dos jogos para que os alunos com deficiência física também possam participar da atividade ativamente. A participação desses alunos deve ser sempre estimulada, mas é claro que, em alguns momentos, os estudantes sem deficiência também poderão fazer seus exercícios e jogos com as regras normais, pois, assim, os educandos com deficiência poderão assumir, então, outras funções.

2.5 Recursos adaptados para o aluno com deficiência auditiva

Para os alunos com deficiência auditiva, as adaptações devem ser feitas para garantir que as explicações dadas pelo professor sejam compreendidas por eles, bem como a possibilidade de eles conseguirem se expressar. Para isso, podemos usar a mímica, padronizar a utilização de alguns gestos ou desenhar. Esses recursos devem ser utilizados principalmente quando os alunos ainda não estão alfabetizados, porque depois dessa fase tanto o professor quanto os alunos poderão usar a escrita para se comunicar. Na fase de alfabetização, podemos confeccionar atividades que possuam as representações em Libras e em língua portuguesa.

Dessa forma, podemos criar dominós em que num lado haja o desenho e a palavra escrita e no outro, a representação destes em Libras. Somos capazes de construir um jogo de memória da mesma maneira da realizada no dominó. As letras do alfabeto que, geralmente, nesse período de alfabetização os alunos associam à figura de algum objeto ou animal podem ter, além do desenho, a representação em Libras. Mesmo com essas adaptações, o ideal é que sempre haja um intérprete em Libras na sala onde esteja incluído um aluno com deficiência auditiva.

Nós devemos, sempre que for possível, adequar os materiais didáticos de modo a dar maior autonomia aos alunos com deficiência. Nem sempre uma adaptação sofisticada garante a sua eficiência. Por exemplo, um aluno que não consegue segurar a folha e escrever ao mesmo tempo, devido a um problema físico ou motor, poderá ter sua folha de atividade presa à mesa com uma fita crepe ou com um grampo de roupa e, com isso, conseguir uma maior produtividade na escrita. Por isso, é interessante que o professor utilize e adapte os materiais que tem à disposição em sua escola e que, também, não deixe de ensinar um aluno só porque não tem uma adaptação especial para ele. A adaptação não envolve apenas o material físico, mas também a metodologia que empregamos com os alunos.

Síntese

Neste capítulo, observamos que muitos alunos de inclusão que apresentam uma necessidade específica necessitarão de recursos pedagógicos adaptados. Vimos que as barreiras arquitetônicas são todos os obstáculos que impedem ou dificultam a locomoção das pessoas com deficiência. Assim, elas devem ser eliminadas do espaço escolar se almejamos um ambiente acessível a todos.

A escolha do recurso dependerá da dificuldade apresentada pelo aluno e, também, das habilidades que ele já desenvolveu. Por isso, é fundamental fazermos nos primeiros contatos com esse estudante uma avaliação diagnóstica detalhada dos interesses, dos conhecimentos e das habilidades que ele possui para escolhermos, com um grau maior de acerto, os recursos pedagógicos que possibilitarão uma aprendizagem mais eficiente desse educando.

Cada aluno necessitará de um recurso específico, de acordo com a sua necessidade. Por isso, é extremamente importante conhecermos o maior número dessas ferramentas, as quais favorecem o desenvolvimento escolar dos estudantes com necessidades especiais.

Indicações culturais

Filme

FELIZ ano velho. Direção: Roberto Gervitz. Brasil: Universal Home Video, 1987. 105 min.

É um filme com base no livro que retrata a história real do escritor Marcelo Rubens Paiva, um jovem estudante que se torna tetraplégico em sua adolescência quando mergulha e bate a cabeça no fundo de um lago. Preso a uma cadeira de rodas, o personagem faz um resgate dos momentos importantes que passou, até conhecer a força impulsionadora que deu um novo sentido em sua vida.

Vídeo

TERAPIA ocupacional. 5 min 40 s. Disponível em: <http://www.youtube.com/watch?v=pk-IJoURiek>. Acesso em: 4 maio 2011.

Esse vídeo mostra vários exemplos de adaptações para alunos com deficiência.

Site

PORTAL NACIONAL DE TECNOLOGIA ASSISTIVA. Disponível em: <http://www.assistiva.org.br>. Acesso em: 23 maio 2011.

Nesse site você poderá pesquisar e saber sobre tecnologias assistivas, além de acessar muitos artigos e informações a respeito dessas tecnologias. Poderá, também, acessar o catálogo nacional de produtos de tecnologia assistiva, que reúne informações sobre os produtos fabricados no Brasil e os contatos das empresas que os fabricam.

MINISTÉRIO PÚBLICO DO DISTRITO FEDERAL E TERRITÓRIOS. Diponível em: <http://www.mpdft.gov.br/sicorde/NBR9050-31052004.pdf>. Acesso em: 23 maio 2011.

Para conhecer mais sobre a norma que regulamenta a acessibilidade, as edificações, o mobiliário, os espaços e os equipamentos urbanos, acesse o *site* do Ministério Público do Distrito Federal e Territórios e leia a norma NBR 9050 da Associação Brasileira de Normas Técnicas (ABNT).

Livro

MANZINI, E. J. Tecnologia assistiva para educação: recursos pedagógicos adaptados. In: BRASIL. Ministério da Educação. **Ensaios pedagógicos**: construindo escolas inclusivas. Brasília, 2005. p. 82-86.

Nesse livro, que reúne diversos artigos com experiências sobre o uso da tecnologia assistiva e recursos pedagógicos adaptados, José Eduardo Manzini descreve os passos para realizar o desenvolvimento de recursos adaptados. Uma ótima leitura para a compreensão desses recursos na escola.

Atividades de autoavaliação

1. O aluno João da Silva tem paralisia cerebral atetósica, com movimentos involuntários, e sua oralidade não é funcional. Considerando esse caso, analise os recursos descritos a seguir:

I. O lápis engrossado pode ajudá-lo a ter maior autonomia na escrita.

II. Uma pulseira com um peso pode ajudá-lo a diminuir a amplitude dos movimentos involuntários.

III. Colar um pequeno pedaço de velcro ao final de cada folha de um livro pode ajudá-lo a conseguir autonomia em virar as páginas. Para isso, ele pode usar, se for necessário, uma luva com um pedaço de velcro.

IV. Esse aluno pode usar uma prancha de comunicação para dar as respostas ou expressar-se.

Assinale a alternativa que apresenta os recursos que podem ser usados pelo aluno:

a) Apenas as afirmativas I, II e III.

b) Apenas as afirmativas I, II e IV.

c) Apenas as afirmativas II, III e IV.

d) As afirmativas I, II, III e IV.

2. A comunicação alternativa é um recurso usado, principalmente, por pessoas que possuem a fala comprometida, as quais têm de utilizar formas diferentes da oralidade para estabelecer a comunicação com outras pessoas. Com relação à comunicação alternativa, analise as afirmações e, a seguir, assinale a alternativa que apresenta as afirmações corretas:

I. Permite maior independência na comunicação de pessoas com deficiência visual, que poderão expressar-se com o uso de pranchas de comunicação.

II. As pranchas de comunicação podem conter desenhos, letras e/ou palavras, e a pessoa com deficiência deve apontar esses elementos para poder se expressar.

III. Quando se inicia o treino da comunicação alternativa, o profissional deve incentivar o aluno a não usar mais a comunicação por meio da fala.

a) Apenas a afirmativa I está correta.

b) Apenas a afirmativa II está correta.

c) Apenas a afirmativa III está correta.

d) Apenas as afirmativas II e III estão corretas.

3. Um professor, quando recebe um aluno com algum tipo de deficiência ou dificuldade, deve, num primeiro momento, procurar munir-se do maior número de informações possíveis sobre esse aluno (por exemplo, como é sua comunicação, quais são os recursos que utiliza, como escreve etc.).

Com relação ao texto anterior, analise as afirmações a seguir e, depois, assinale a alternativa que representa as pessoas com quem o professor deve buscar essas informações:

I. A família do aluno.

II. O próprio aluno.

III. Os profissionais técnicos que atendem esse aluno (médico, fonoaudiólogo, reeducador visual, fisioterapeuta, terapeuta ocupacional etc.) por meio de contato direto ou de relatórios.

a) Apenas as afirmativas I e II.

b) Apenas as afirmativas I e III.

c) Apenas as afirmativas II e III.

d) As afirmativas I, II e III.

4. Considere as seguintes afirmações a respeito dos materiais didáticos utilizados por um professor para explicar os conceitos geográficos de *planalto, planície, montanha* e *depressão* a um aluno com 10 anos de idade, que nasceu com deficiência visual total.

I. O professor pode fazer essas representações por meio de uma maquete, utilizando argila ou massa de modelar e deixando que o aluno a manipule.

II. O professor poderá fazer desenhos no quadro para representar esses conceitos.

III. O professor poderá ler repetidamente os conceitos escritos num livro para esse aluno.

IV. O professor poderá fazer a representação por meio de um desenho em uma folha, contornado com cola ou outro material, para que deixe uma textura que o aluno possa explorar com a utilização do tato.

Assinale a alternativa que apresenta os melhores recursos para o aprendizado desse aluno:

a) Apenas as afirmações I e II.

b) Apenas as afirmações I e IV.

c) Apenas as afirmações II e III.

d) Apenas as afirmações III e IV.

5. Para um aluno com deficiência física, estar bem posicionado em sua cadeira e mesa em sala de aula é fundamental para o seu rendimento em qualquer atividade que irá realizar.

Com relação ao texto anterior, analise as afirmações a seguir e marque (V) para as verdadeiras e (F) para as falsas:

( ) Se o aluno com deficiência física apresentar um bom controle de cabeça e de tronco, poderá permanecer em cadeiras comuns, de preferência com apoios laterais (braços).

( ) Devemos verificar se os pés do aluno estão apoiados no chão. Caso não estejam, devemos colocar um apoio de pés, que pode ser uma pequena caixa de madeira ou uma lista telefônica encapada.

( ) Em alguns casos, teremos de colocar faixas na altura do abdome, evitando que o aluno escorregue de sua cadeira.

( ) Para o aluno que não apresenta controle de tronco, podemos usar cadeiras adaptadas, como a que possui uma inclinação do assento, com uma pequena elevação da parte anterior, a qual evita que ele escorregue dela.

Assinale a alternativa que corresponde corretamente à sequência obtida:

a) V, F, V, F.

b) V, F, F, V.

c) F, V, V, V.

d) V, V, V, V.

Atividades de aprendizagem

Questões para reflexão

1. Quando usamos recursos didáticos adaptados, devemos modificar a nossa metodologia de ensino? Justifique sua resposta.

2. Quais os materiais pedagógicos que poderão ser adaptados, respectivamente, para o aluno com deficiência visual e para o com deficiência física?

Atividade aplicada: prática

Faça um relato sobre um aluno com deficiência (quais suas dificuldades, o que consegue e o que não consegue realizar; se ele possui uma deficiência sensorial, o grau de comprometimento dela – severo, parcial, total etc.) e, depois, escolha um material pedagógico e descreva o modo como ele poderá ser adaptado para atender às necessidades desse aluno.

informática na educação especial[1]

A informática está presente em nosso cotidiano, facilitando, de diversas maneiras, a nossa vida. Na educação especial, essa ferramenta assume um papel muito mais importante, pois o uso do computador por meio de seus recursos favorece imensamente a aprendizagem dos alunos com deficiência e, muitas vezes, torna-se o único meio de eles conseguirem participar ativamente da sociedade.

Neste capítulo, faremos um breve levantamento a respeito da importância da utilização da informática por alunos com deficiência, demonstrando que a formação continuada do professor é essencial

---

1. Partes das seções deste capítulo foram extraídas de Kleina (2008).

nesse processo, além de descrevermos os principais recursos que auxiliam o estudante a utilizar o computador. Apresentaremos a adequação do mobiliário e os recursos de *hardware* e *software* que permitem ou facilitam o uso da informática por alunos com deficiência. O objetivo é descrever as possibilidades de aplicação desses recursos e como eles podem trazer mais autonomia e eficiência na utilização do computador.

3.1 O computador e o aluno com deficiência

No Brasil, a informática passou a ser usada como ferramenta educacional a partir do início da década de 1970, direcionada ao ensino de Física na Universidade de São Paulo (USP), *campus* São Carlos. Logo após, passou a ser pesquisada pela Universidade Federal do Rio de Janeiro (UFRJ), para o ensino e a avaliação em Química, e, depois, a Universidade Federal do Rio Grande do Sul (UFRGS) iniciou uma pesquisa sobre o desenvolvimento de *software* educacional (Andrade; Lima, 1993).

Ainda nesse período, o Laboratório de Estudos Cognitivos do Instituto de Psicologia da UFRGS começou diversas pesquisas com o uso da informática para crianças com dificuldade de aprendizagem, embasadas nas teorias de Jean W. F. Piaget e de Seymour Papert.

Em 1975, iniciou-se uma parceria entre a Universidade Estadual de Campinas (Unicamp) e o Massachusetts Institute of Technology

(MIT) para analisar o uso de computadores com linguagem LOGO[2] na educação de crianças.

O desenvolvimento dessa linguagem de programação tinha como base a construção de um ambiente computacional em que o conhecimento não fosse passado para o aluno, mas, sim, por meio desse ambiente, sendo que através da interação com os objetos desse ambiente ele pudesse manipular e desenvolver outros conceitos (Valente, 1991, p. 40). Esse foi um dos primeiros *softwares* educacionais usados no Brasil com alunos com necessidades educacionais especiais.

A partir da década de 1990, a informática foi se popularizando e se firmando como uma nova ferramenta para auxiliar o processo de ensino-aprendizagem dos alunos nos diversos níveis e modalidades da educação. A cada dia, o uso do computador está mais presente nas escolas, trazendo diversos benefícios tanto aos professores quanto aos estudantes. Especificamente para o aluno com deficiência, além das condições de acesso às atividades comuns de escrita e comunicação, o computador é, muitas vezes, um dos caminhos para que ele consiga participar da sociedade e ter uma vida profissional.

A falta de habilidade causada pela deficiência pode, entretanto, fazer com que ele cesse suas tentativas de agir, de tentar fazer coisas e, consequentemente, pare seu desenvolvimento. Quando damos a ele uma ferramenta que atende às suas dificuldades

---

2. LOGO é uma linguagem de programação que foi desenvolvida pelo MIT sob a orientação de Seymour Papert, que foi aluno de Jean Piaget e de quem incorporou muitas ideias. Os estudos de Piaget sempre focaram os processos de aprendizagem.

individuais, que faça com que ele perceba que é capaz, estamos também lhe dando novas perspectivas, aumentando sua autoestima e motivando-o a novas aprendizagens.

Assim, o uso da informática objetiva motivar e valorizar o "saber" dos alunos com deficiência, que, por muitos anos, foi segregado, conforme salienta Valente (2001, p. 30):

> Ele se torna o caderno eletrônico para o deficiente físico, um meio que o surdo pode usar para estabelecer relações entre o fazer e os conceitos utilizados nestas ações, um instrumento que integra diferentes representações de um determinado conhecimento para o deficiente visual, o medidor de interação da criança autista e o mundo, um objeto de desafios para a criança deficiente mental e o recurso com o qual a criança carente pode realizar-se e participar efetivamente de atividades socioculturais significativas.

Para os alunos com deficiência mais acentuada, a utilização da informática pode significar muito mais do que um "caderno eletrônico", pois pode se tornar um instrumento para a realização de avaliação, para a comunicação e a interação deles com outras pessoas.

Observamos que a utilização pedagógica do computador produz melhores resultados na educação especial quando comparada à educação de um modo geral. Os alunos com deficiência se beneficiam mais do que os alunos ditos "normais", porque os efeitos da utilização da informática são mais visíveis. Assim, por exemplo, um aluno que consegue escrever normalmente não será muito mais produtivo com o uso do computador. Já um estudante cuja deficiência impossibilita ou causa muita dificuldade para escrever, mas que consiga superar esse obstáculo com a utilização do computador, terá o emprego dessa ferramenta enaltecido.

Também constatamos que grande parte do que é planejado e aplicado em pessoas com necessidades educacionais especiais, principalmente na área de *softwares*, resulta em benefícios a outros usuários, já que facilita a utilização desses programas por todos.

Valente (2001) e Montoya (2000) afirmam que a capacidade de individualização e de flexibilização do computador o faz, de fato, ser uma ferramenta pedagógica adaptável às necessidades de cada aprendiz, minimizando as dificuldades que este possa vir a ter devido a algum tipo de deficiência.

Por meio da individualização conseguida com o uso da informática, podemos alcançar a proposta de uma escola inclusiva, pois estamos considerando as características individuais de cada aluno, preparando atividades específicas, com objetivos específicos, e respeitando a temporalidade de cada estudante.

Com o acesso à informação proporcionado pelo uso dessa ferramenta, as pessoas com deficiência podem adquirir autonomia na sua aprendizagem. Essa autonomia é fundamental para a formação como cidadão e para que alarguem as possibilidades de inclusão e de participação nos diversos setores da sociedade. Com o uso da informática, um aluno cego pode fazer atividades que seriam difíceis, tais como ler jornais, escrever *e-mail*, fazer compras e transações bancárias etc.

Dessa forma, quando um estudante com deficiência consegue romper as barreiras que impedem a sua aprendizagem, melhora sua autoestima e sua socialização, que, por sua vez, favorecem o desenvolvimento de sua aprendizagem. Esse ciclo é, muitas vezes, o divisor de águas entre o sucesso e o fracasso escolar e profissional desse aluno.

O estudante com deficiência, especialmente o que possui alguma limitação mais grave, tem sua aprendizagem e seu desenvolvimento cognitivo limitados por falta de recursos que o estimulem e o levem ao conhecimento.

Então, como podemos julgar o potencial de aprendizagem de uma criança com deficiência se não dermos a ela as mínimas condições para que possa interagir com as pessoas, com os objetos e com o ambiente, realizar as atividades de sala de aula e expressar seu conhecimento?

Com essa visão, a responsabilidade maior está nas mãos do professor, que terá de buscar os meios necessários para promover a aprendizagem desse aluno.

O computador como instrumento de auxílio da aprendizagem dos estudantes com deficiência preserva e estimula a exploração e a investigação, respeitando seus limites e o tempo para a execução das atividades, proporcionando também uma avaliação mais significativa.

Todas essas perspectivas nos dão uma nova responsabilidade, fazendo com que cada vez mais tenhamos de buscar novas maneiras de ensinar, que incluam em nossa lista de ferramentas de trabalho o uso da informática.

A utilização da informática também permite reais alterações no modo de conduzir a produção da aprendizagem, rompendo as práticas tradicionais que concebem os alunos como iguais, e não como pessoas advindas de meios sociais e culturais distintos e com experiências e necessidades diversas.

Além desses elementos, essa ferramenta interfere diretamente no desenvolvimento dos esquemas cognitivos, permitindo a construção de uma nova maneira de interagir com a máquina e uma nova lógica de se raciocinar com ela.

Citemos como exemplo o uso do *mouse*: Você concorda que é uma atividade simples? Errado. É uma atividade muito complexa, pois o aluno tem de entender que, ao movimentar o dispositivo (*mouse*), arrastando-o sobre uma superfície, os movimentos se transformarão em movimentos de uma "flechinha" (cursor) na tela do computador. E há uma lógica nisso: se eu movimento para frente, a flechinha se movimenta para cima. Se movo para trás, a flechinha irá para baixo. E, ao apertar o botão desse dispositivo (*mouse*), consigo interagir com a máquina. É um procedimento muito complexo e abstrato, que geralmente os alunos, já habituados com outros recursos tecnológicos, aprendem com certa facilidade, mas que exige conhecimentos de lateralidade, cima, baixo, frente, trás, coordenação visomanual etc.

Por isso, indicamos o uso de atividades lúdicas nos primeiros contatos do aluno com o computador, pois, através do jogo, ele, além de sentir-se estimulado, sente-se desafiado em realizar a atividade que, na maioria das vezes, para ele é muito prazerosa.

O computador permite a aquisição dos conceitos básicos através de jogos específicos ou não, suprindo a vivência exploratória que faltou ao estudante por causa da falta de vivência e de exploração em decorrência de sua deficiência. É importante auxiliar no processo de alfabetização, na aquisição de conhecimentos, principalmente por meio do avanço da internet, que possibilita também uma vida social virtual e até, em alguns casos, a inserção no mercado de trabalho.

Outra característica que temos de considerar com relação ao uso da informática é que ela possibilita ao aluno a produção de atividades nas mesmas condições de apresentação que as dos demais estudantes. Assim, por exemplo, um aluno que tem dificuldade motora para a escrita pode fazer sua atividade com a mesma qualidade de apresentação que os demais colegas quando usa um editor de textos.

Além disso, o computador também torna a realização de tarefas mais independente do auxílio do professor, mesmo para aqueles com maior grau de comprometimento motor, por meio de alguns recursos específicos de *hardware* e *software*.

Valente (1991, p. 4), acreditando no potencial da pessoa com deficiência, percebe a informática como um dos caminhos do aluno para a integração e participação ativa na sociedade, preservando e ressaltando o seu caráter humano:

> *Estamos aprendendo a criar ambientes de aprendizagem não somente para sobrepujar a deficiência cognitiva, mas para mudar uma situação sem esperança em algo mais promissor. O fato de estarmos ajudando os deficientes a liberarem suas mentes nos propiciarão meios para ver que por detrás da luta que estas pessoas realizam para interagir com o mundo existe um ser humano que deseja fazer coisas, melhorar e ser independente.*

Mesmo com as possibilidades de uso ainda limitadas no início da década de 1990, Valente já vislumbrava o emprego da informática como uma ferramenta pedagógica que tenderia a se firmar como essencial para o desenvolvimento acadêmico dos alunos com deficiência.

Afirmamos, porém, que a informática, apesar de ser muito importante, não deve ser vista como a única solução para a aprendizagem dos estudantes. Ela certamente facilita a realização das atividades, mas deve ser encarada como um recurso a mais que temos à disposição para a realização de nosso trabalho.

3.2 A informática, o professor e a tecnologia assistiva

O processo de escolarização de alunos com deficiência ainda é um desafio, especialmente para a educação brasileira. A conjugação entre esse desafio e as possibilidades do emprego da informática no processo de formação acadêmica dos alunos com deficiência torna-se muito relevante, pois, muitas vezes, eles são considerados como incapazes de manusear instrumentos mais sofisticados como os computadores. A informática contribui para reforçar a importância da inclusão social e digital em nossa sociedade, escolas, universidades, bibliotecas, empresas etc., onde a maioria das pessoas está incluída.

O uso da informática na educação especial nos é apresentado como um desafio, que deverá ser aprendido e incorporado à nossa prática pedagógica, e como uma ferramenta de trabalho, que poderá ampliar as nossas possibilidades de ensino e romper as dificuldades e as barreiras criadas pela deficiência do aluno.

Esse desafio deve nos motivar a conhecer as possibilidades do emprego das tecnologias (como podemos implantá-las em nossas atividades pedagógicas), a nos tornar pesquisadores, a observar a interação dos alunos, a propor modificações e adaptações, a verificar e comparar os resultados e a testar novos equipamentos e maneiras de utilização, além da busca, nesse processo, por melhorias para as oportunidades de aprendizagem dos estudantes com deficiência.

> Urge, pois, inserir as diversas tecnologias da informação e das comunicações no desenvolvimento dos cursos de formação de professores, preparando-os para a finalidade mais nobre da educação escolar: a gestão e a definição de referências éticas, científicas e estéticas para a troca e negociação de sentido, que acontece especialmente na interação e no trabalho escolar coletivo. Gerir e referir o sentido será o mais importante e o professor precisará aprender a fazê-lo em ambientes reais e virtuais. (André, 2004, p. 205)

A formação continuada do professor, essencial para uma educação de qualidade, deve prever tanto o estudo sobre a inclusão quanto o emprego das tecnologias, porque o emprego dos recursos do computador para algumas pessoas pode ser opcional e casual; para outras, necessário; mas, para outrem, é imprescindível, abrindo-lhe portas, ou talvez apenas janelas, para um convívio mais respeitoso e satisfatório com seus semelhantes (Santarosa; Hogetop, 2002).

A abertura dessas portas ou janelas, considerando-se que é a escola que deve ser modificada para atender aos alunos, e não o contrário, é fundamental para a construção de uma escola inclusiva, aberta aos anseios e às necessidades da educação.

A interação aluno-computador necessita da intervenção de "um profissional que saiba o significado do processo de aprendizagem baseado na construção do conhecimento" (Valente, 2001, p. 35). Apenas dessa maneira poderá intervir apropriadamente de modo que auxilie o aluno a desenvolver ao máximo o seu potencial de aprendizagem.

Assim, ao trabalharmos a informática com estudantes com deficiência, temos de conciliar nossos conhecimentos sobre ensino e educação especial aos do uso da informática. Não é uma tarefa fácil nem difícil. Vai exigir um pouco de esforço de nossa parte, principalmente no início, assim como qualquer atividade ou projeto novo que propomos desenvolver com os alunos. Com o tempo, passamos a trabalhar com a informática de maneira natural.

Quando falamos a respeito da formação de professor em informática na educação especial, percebemos que ele terá de conciliar, além dos conhecimentos didáticos e pedagógicos como docente, os conhecimentos sobre educação especial, informática e recursos de tecnologia assistiva. Além dessas informações fundamentais, deverá verificar:

> A quem lecionar: conhecer os alunos, suas singularidades e as possibilidades de trabalho.

> O que lecionar: saber quais são os conhecimentos mais importantes naquele momento para o estudante.

> Por que lecionar: para desenvolver a aprendizagem de conteúdos, a comunicação, a escrita, favorecer a socialização etc.

> Como lecionar: quais os métodos de ensino, os *softwares* e as tecnologias assistivas que serão necessários para atingir os objetivos.

3.3 Recursos de *hardware* e de *software* para alunos com deficiência

O computador é um dos nossos grandes aliados no atendimento ao aluno com deficiência. Esse recurso tecnológico possibilita maior interação, é uma grande fonte de estímulo e permite, na maioria dos casos, inclusive nos mais graves, a autonomia do estudante em realizar as atividades pedagógicas. Quanto à autonomia, vamos pensar em dois casos: um aluno cego e outro com paralisia cerebral, com quadro motor severo e sem oralidade funcional.

O estudante cego teria de fazer as anotações das aulas utilizando o sistema Braille, que, além de ser pouco produtivo, é uma atividade muito cansativa. As avaliações praticamente se resumiriam a provas orais.

No caso de um aluno com paralisia cerebral grave e que não possui a oralidade funcional, ele participaria das aulas apenas como espectador. Realizar a avaliação, nesse contexto, seria uma missão quase impossível, pois se ele não escreve e não fala, como poderemos avaliá-lo? Existem outras formas, como uma avaliação objetiva em que ele aponta a resposta correta ou, caso não consiga apontar devido a sua condição motora, poderá fazer um sinal representando o *sim* ou o *não*, e o professor recitará cada uma das alternativas até que ele faça o gesto que representará a alternativa escolhida.

Ambos os casos descritos envolvem pouca produtividade e certa dependência do professor para a realização das atividades. Então, como a informática poderá auxiliar nesses casos?

No caso do aluno cego, há *softwares* específicos que fazem a interface por meio de retorno sonoro que possibilita a ele a utilização do computador. Qual a vantagem de um estudante cego usar um computador? A vantagem é que ele agora poderá escrever mais e com menos esforço e fazer suas atividades no computador, e o professor não precisará fazer a transcrição para o Braille. Se for necessário fazer uma pesquisa, poderá utilizar a internet para essa finalidade. O material escrito da aula poderá ser transformado em formato digital, e o aluno poderá "ouvir" esse material através de *softwares* específicos no computador.

Já o estudante com paralisia cerebral, por meio do uso de alguns dispositivos e *softwares* especiais, poderá controlar o computador, seja através do uso de um *switch* ou um *joystick*, seja por meio dos movimentos dos olhos ou, ainda, de sopros. Com esses dispositivos, ele poderá ter acesso a todas as funções do computador, podendo escrever, abrir e fechar documentos, acessar a internet e, até mesmo, utilizar os *softwares* de comunicação instantânea para conversar com as demais pessoas, já que, devido à sua limitação, possivelmente não conseguiria utilizar um telefone convencional.

Por isso, é fundamental que toda a comunidade conheça o emprego da informática e os recursos que ela possibilita para que possamos atender melhor os alunos. Você pode estar se perguntando:

Como os alunos com outros tipos de necessidades especiais podem se beneficiar do emprego da informática?

Vamos ver alguns casos na sequência.

a | Altas habilidades

Para os alunos com altas habilidades ou superdotação, o computador pode oferecer recursos para que eles busquem aprofundar os conhecimentos sobre os conteúdos ministrados nas aulas. Assim, eles poderão utilizar *softwares* educacionais que exijam maior raciocínio, utilizar a internet para estender os seus conhecimentos ou ainda fazer atividades mais elaboradas. Se o professor estiver ministrando um conteúdo que esses estudantes já dominam, eles poderão, por meio da utilização do computador, fazer outras atividades ou estar envolvidos em outros projetos, inclusive de iniciação à pesquisa, aproveitando a habilidade que eles possuem.

b | Deficiência auditiva

Para os estudantes com deficiência auditiva, o emprego da informática pode ser um excelente meio de comunicação, possibilitando "conversar" através de programas de mensagens instantâneas. Esses alunos também poderão usar o computador para pesquisar os significados de termos científicos ou palavras que ainda desconhecem em língua portuguesa, já que essa língua é, para eles, a segunda língua, uma língua "estrangeira".

c | Distúrbios de conduta

Para os alunos com autismo, o computador pode servir como um instrumento de mediação para a aprendizagem, além de um mecanismo que pode intermediar o contato com outras pessoas e colegas. Já os estudantes com défice de atenção, o computador, por possuir elementos atrativos, servirá como instrumento que proporcionará maior tempo de concentração. Já os com hiperatividade, esse recurso tecnológico pode ser usado como um "coringa" quando a capacidade de atenção na atividade realizada em sala de aula chegar ao limite, pois permitirá que eles realizem outras atividades no computador desde que não sejam com *softwares* muito estimulantes, para favorecer a concentração por um período maior.

d | Deficiência intelectual

Com os estudantes com deficiência intelectual, o computador (quando o aluno consegue ter habilidade cognitiva para entender o seu funcionamento) torna-se um grande aliado na realização de atividade de reforço escolar, já que esse recurso permite a eles a realização da mesma atividade repetidas vezes, respeitando o ritmo e o tempo. No computador, o estudante com deficiência intelectual poderá fazer a transferência dos conteúdos que aprendeu em sala, de forma abstrata, exigindo um raciocínio mais elaborado.

Devido a todos esses benefícios que a informática traz para os alunos com deficiência, nós, profissionais da educação, temos a necessidade urgente de conhecer e saber utilizar o computador como uma ferramenta pedagógica.

Num primeiro momento, podemos pensar que o uso da informática com alunos com deficiência gera um trabalho maior. Mas, pensando a longo prazo, a informática possibilitará maior autonomia na realização das atividades por eles, com isso o professor terá o trabalho de assistência diminuído.

A seguir, veremos maneiras de como adaptar o computador às necessidades desses alunos.

3.4 Adaptações para o uso do computador

Como já vimos, o computador ajuda o estudante a transpor as barreiras da educação impostas pela sua deficiência. Por meio dos diversos dispositivos que hoje possibilitam a interação das pessoas com o computador (utilização de *switches*, comandos de voz, movimento ocular, sopro, adaptações no *mouse* e no teclado, por exemplo), o aluno consegue entrar em um mundo virtual em que ele consegue mover objetos, realizar ações, desenhar, escrever, interagir com pessoas etc., sem que precise pedir ajuda a outros indivíduos e sem estar limitado devido à sua deficiência.

Existem vários *softwares*, equipamentos e *hardwares* que podem ser usados para auxiliar os estudantes com deficiência no uso do computador. Descreveremos, a seguir, alguns deles.

3.4.1 Adaptações físicas ou órteses

São todos os aparelhos ou adaptações fixadas e utilizadas diretamente no corpo do aluno e que facilitam a sua interação com o computador.

a | Mobiliário

Quando formos atender um estudante que está em uma cadeira de rodas no laboratório de informática ou quando o aluno utilizar um computador na própria sala de aula, a primeira preocupação que devemos ter é referente à mesa, ou carteira, em que ele usará a máquina, pois o móvel deverá permitir que a cadeira de rodas encaixe sob ele, já que esta é, geralmente, mais larga e comprida que uma cadeira comum. Conforme varia a altura do aluno cadeirante, varia também a altura de sua cadeira de rodas. Por isso, deve-se optar por mesas que permitem a regulagem de altura, para não causar desconforto nem prejudicar a utilização do computador.

Sempre que for possível, e desde que seja indicado, devemos deixar que o aluno cadeirante realize a transposição da cadeira de rodas para uma cadeira comum. Mesmo os alunos com deficiência física mais grave preferem, na hora da realização de atividades, estar em cadeiras comuns.

O que aconselhamos é que essas cadeiras tenham apoios laterais (braços) e sejam estáveis, principalmente para alunos que têm reflexos espásticos involuntários. Para estes, aconselha-se que a cadeira seja fixada sobre uma base mais larga, podendo, em alguns casos de reflexos mais graves, ser colocada uma base mais pesada, como pesos de chumbo. Dessa maneira, mesmo tendo um movimento involuntário mais forte, ele não cairá de sua cadeira.

Para um melhor posicionamento e acomodação, podemos colocar almofadas, principalmente nos casos em que o aluno ainda não consegue sustentar o tronco, possui algum desvio ou anomalia na coluna cervical ou para fazer a correção da altura da cadeira. Devido a isso, é muito importante a presença de um terapeuta ocupacional ou de um fisioterapeuta, que fornecerá as informações necessárias para a utilização das almofadas ou a acomodação desses alunos. Em alguns casos, o próprio estudante pode dizer de que forma ele fica melhor acomodado em sua cadeira. Para o aluno com dificuldade de sustentação de tronco, é indicado que sejam colocadas faixas prendendo-o, na altura do tórax, à cadeira, para que ele possa permanecer numa postura correta durante o atendimento.

Com o aluno com comprometimento maior, podemos utilizar a cadeira oval com freio, que é mais ergonômica e possui um freio (saliência que fica entre as pernas do aluno e ajuda a evitar que ele escorregue), além de ter também um apoio para os ombros, o qual faz com que ele não penda para os lados, posicionando os seus braços para frente para que possa utilizar melhor o computador.

A preocupação com o mobiliário e o correto posicionamento do aluno com deficiência física diante do computador é vital para que ele alcance melhor a produtividade e a autonomia no emprego desse recurso, pois, quanto menor o esforço dispensado em sustentar-se para usar o computador, maior será o seu empenho para manipular o teclado, o *mouse* ou outro dispositivo que tenha necessidade.

b | Pulseira de chumbo ou pulseira de peso

A pulseira de chumbo ou pulseira de peso (Figura 3.1) tem como objetivo a estabilização dos movimentos involuntários de alunos que possuem reflexos e movimentos involuntários, além de ser indicada, principalmente, como já comentamos no Capítulo 2, para alunos com paralisia cerebral

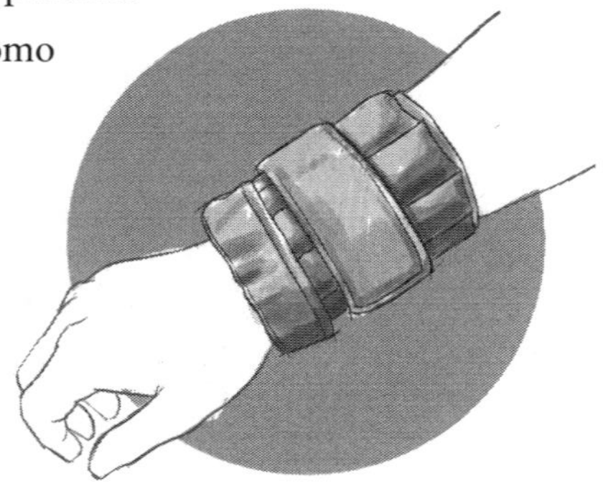

Figura 3.1 – Pulseira de chumbo ou pulseira de peso

atetósica, os quais possuem variação no tônus muscular. Essa pulseira, que tem um peso específico para cada estudante, sendo esse peso determinado por meio de uma avaliação de um terapeuta ocupacional, auxilia na diminuição da amplitude dos movimentos involuntários desses alunos e é indicada no início do uso do computador. O emprego desse recurso pode, ou não, ser retirado com o passar dos atendimentos, porém essa remoção dependerá da evolução do controle dos reflexos pelos estudantes.

c | Talas

As talas utilizadas nas mãos e/ou nos braços dos alunos (Figura 3.2) ajudam a corrigir o posicionamento e, também, a estender os braços, nos casos em que os alunos não conseguem fazê-lo voluntariamente, facilitando, assim, a utilização do computador.

Figura 3.2 – Tala para extensão de braço

d | Cintos e faixas

Os cintos e as faixas ajudam a manter o posicionamento na cadeira de rodas ou na cadeira comum. Há casos em que os alunos com deficiência física não têm o controle do tronco, o que faz com que eles escorreguem ou pendam para o lado de suas cadeiras, prejudicando, dessa forma, o trabalho com o computador.

Na falta de materiais como lona, couro ou courino, pode-se utilizar *jeans* de uma calça usada costurando-se um velcro nas extremidades. É importante que essa faixa não seja muito estreita (deve ter, no mínimo, uma largura maior que 10 cm) para que não machuque o estudante.

Alguns alunos, ao prenderem um dos braços junto ao corpo com o auxílio de uma tipoia, conseguem um controle maior dos movimentos do outro braço. Lembramos que cada estudante deve ser avaliado individualmente e, quando ele apresentar uma dificuldade muito grande, o professor poderá fazer alguns testes, se possível, trabalhando em parceria com um terapeuta ocupacional ou com um fisioterapeuta.

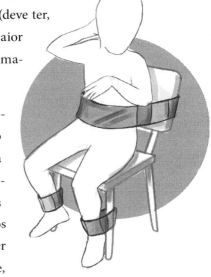

Figura 3.3 – Faixas com velcro

A Figura 3.3 mostra dois tipos de faixas: a inferior, que é menor, é usada para fixar as pernas ou posicionar os pés, e a superior é colocada na região abdominal, prendendo o aluno à cadeira comum ou à cadeira de rodas.

e | "T" com velcro

Como também já mencionado no Capítulo 2, o uso dessa adaptação é indicado para alunos com rigidez muscular (espásticos) com acentuado padrão de adução do polegar e flexão dos dedos. Essas características fazem com que ele fique com a mão fechada. Se nós tentarmos digitar com a mão fechada, pressionaremos várias teclas ao mesmo tempo, o que dificulta ou impossibilita a realização dessa atividade. Para solucionar esse problema, podemos confeccionar uma adaptação em madeira (temos a possibilidade de usar um cabo de vassoura) com duas hastes: uma horizontal e outra perpendicular com formato em "T". Depois, colocamos na extremidade da ponta que ficou em perpendicular uma borracha para não danificar o teclado, e, nas outras extremidades, duas pequenas faixas com velcro, que possibilitarão posicionar e fixar melhor a adaptação na mão do aluno. Com o emprego dessa adaptação, ele digitará uma letra de cada vez. Porém, temos de lembrar que essa adaptação deverá ser usada apenas nos primeiros contatos do estudante com o computador. Se ele for constantemente estimulado a usar sua própria mão nessa atividade, logo conseguirá posicioná-la de tal forma que conseguirá digitar sem o uso desse recurso. A Figura 3.4 mostra como esse recurso é utilizado na mão do aluno com deficiência motora.

Figura 3.4 – "T" com velcro

f | Estabilizador de punho e abdutor de polegar

A falta de coordenação e de controle dos movimentos faz com que alguns alunos com deficiência física adquiram encurtamento de certos músculos, que resulta num posicionamento inadequado das mãos (geralmente ficam cerradas) e na abdução do polegar (o polegar volta-se para o centro da mão). Essas características dificultam o uso do teclado, porém o estabilizador de punho e abdutor do polegar (apresentado anteriormente na Figura 2.14) tem a função de corrigir o posicionamento da mão desse estudante e pode auxiliar também na digitação, bastando apenas que se troque o lápis existente em sua extremidade por uma ponteira de borracha.

g | Apontadores – capacete com ponteira

Os recursos de tecnologia assistiva chamados de *apontadores* são dispositivos que possuem uma haste que permite, entre outras funções, o uso do computador. O recurso mais comum é o capacete com ponteira (Figura 3.5), que pode ser uma haste regulável posicionada com o auxílio de um capacete ou algo que a fixe na cabeça do aluno. É importante que essa haste seja regulável, pois teremos de ajustar o seu comprimento e a sua inclinação para que o estudante possa utilizar o computador na melhor postura possível. Esse recurso é usado por alunos que perderam ou não controlam os movimentos dos membros superiores (braços) e inferiores (pernas), mas têm o controle dos movimentos da cabeça (tetraplégicos, por exemplo). Com a

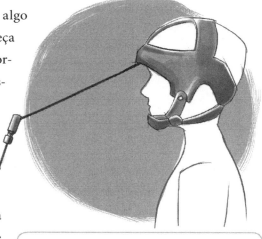

Figura 3.5 – Capacete com ponteira

haste, eles conseguem digitar no teclado do computador. Caso este esteja configurado, por meio do bloco numérico, para o uso do *mouse*, as suas funções poderão ser utilizadas pelos estudantes.

Alguns alunos empregam um lápis, o qual seguram na boca para digitar. Esse procedimento não é muito indicado devido à proximidade dos olhos ao teclado, que pode afetar a visão. Além disso, se o teclado não estiver bem posicionado, provavelmente causará ou agravará uma lesão na coluna.

3.4.2 Adaptações de *hardware*

São todas as modificações feitas nos periféricos e no próprio computador com vistas a adaptá-las às necessidades dos alunos.

a | Teclado normal

Para alguns alunos, prender o teclado à mesa, colocando-se uma faixa de velcro embaixo dele e outra tira colada sobre a mesa no local onde ele ficará, é uma opção muito interessante, pois, mesmo tendo reflexos involuntários, o teclado permanecerá bem posicionado, facilitando o uso pelo estudante com deficiência.

Outra opção simples, mas que, para muitos casos resulta numa eficiência maior, é inclinar o teclado. Alguns alunos podem não conseguir realizar o movimento de baixar o dedo, mas, se o teclado estiver inclinado ou até mesmo na posição vertical, fará com que eles consigam digitar com maior facilidade. Podemos também cobrir algumas teclas com um papelão ou outro material, evitando-se que o estudante digite teclas que fazem outras funções que não são apropriadas àquela atividade.

b | Miniteclados e teclados expandidos

Os teclados ergonômicos, principalmente os com teclas maiores, facilitam muito a digitação por alunos com dificuldade no controle dos movimentos. O problema ainda é o alto custo para se adquirir esses *hardwares*. No Brasil, o teclado expandido mais conhecido é o Teclado IntelliKeys® (Figura 3.6), que é importado e distribuído pela Clik Tecnologia Assistiva (http://www.clik.com.br). Esse teclado, além de possuir teclas maiores, ainda tem a possibilidade de trocar as lâminas, formando, dessa forma, teclados com outras disposições de teclas e funções.

Os miniteclados, ou a própria utilização de um *palmtop*, podem ser indicados para estudantes com distrofia muscular progressiva em um estágio mais avançado, já que eles terão dificuldade em realizar movimentos amplos e, em alguns casos, só vão conseguir realizá-los por meio das mãos.

Figura 3.6 – Teclado IntelliKeys® com lâminas de diferentes funções

c | Colmeia de acrílico

A colmeia de acrílico, placa de acrílico ou simplesmente colmeia é uma placa transparente de acrílico que possui furos que coincidem com as teclas. Essa placa é colocada sobre o teclado e permite que os alunos possam apoiar suas mãos sobre ela, sem pressionar as teclas enquanto digitam. Os furos ajudam a direcionar a digitação e, dessa forma, muitos estudantes com deficiência física grave, com o auxílio dessa tecnologia assistiva, podem ter autonomia no uso do computador. A Figura 3.7 mostra uma dessas colmeias, colocada sobre o teclado que está envolto por uma caixa de madeira, a qual serve de apoio para a placa. No início do treino, podemos fazer uma "máscara" para esse teclado, cobrindo com papel ou papelão algumas teclas que o estudante não irá usar naquela atividade. Assim, diminui a chance de ele digitar uma tecla errada.

Figura 3.7 – Colmeia de acrílico

d | Mouse

Em alguns casos, é indicado o uso de uma luva na qual possa ser colocado um *mouse* óptico (através de uma espécie de bolsa, feita na região da palma da luva). Colocar um *mouse* óptico preso a uma luva fará com que ele continue preso à mão do aluno, mesmo se ocorrer um reflexo involuntário, pois existe a vantagem de ele escolher qual é o melhor posicionamento do braço para a movimentação desse recurso, que pode ser, inclusive, o próprio corpo: basta apenas que coloquemos o *mousepad* no lugar escolhido por ele.

e | Mouses especiais: *easyball*, *trackball*, *roller mouse* e *joystick*

O *easyball* e o *trackball*, modelos apresentados na Figura 3.8 e também chamados de *trackers*, são *mouses* ampliados, como se fossem construídos de ponta-cabeça, já que a bola que faz o movimento

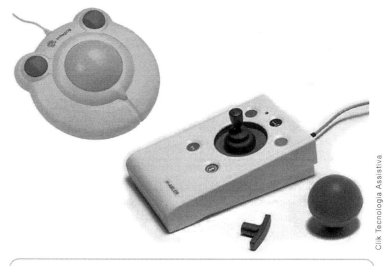

Figura 3.8 – Trackers

do cursor fica na parte de cima do aparelho e é bem maior do que as dos *mouses* convencionais. Para usar esse dispositivo, o aluno não precisa movimentá-lo inteiro, apenas a bola. Os botões para o clique também são maiores, o que facilita a utilização desse recurso. Esses *mouses* são indicados para estudantes que têm pouca coordenação do movimento dos braços.

Outro dispositivo especial é o *roller mouse*: um *mouse* maior, com cilindros que movimentam o cursor para cima/baixo e direita/esquerda.

Um *joystick* também pode ser configurado para ser utilizado no computador e realizar a função de *mouse*. Dependendo da dificuldade motora do aluno, esse dispositivo mostra-se como uma alternativa interessante.

f | Dispositivos de acesso mediado (*switches*)

Os *switches* são dispositivos que funcionam como um interruptor e podem ser de várias formas, como de aperto, de sopro, neuromuscular, de inclinação, de pressão ou, ainda, com sensor, conforme ilustrados na Figura 3.9.

Esses dispositivos sempre serão usados em conjunto com um *software* específico, que geralmente trabalha num sistema de varredura, no qual o cursor vai rastreando linha a linha os comandos que estão em um *software* na tela do computador até que o usuário acione o sensor, passando então a varrer os elementos daquela linha até que o cursor seja novamente ativado, executando a função ou escrevendo o caractere selecionado. Dessa forma, um único movimento ou ação controlada pelo aluno possibilita a utilização do computador.

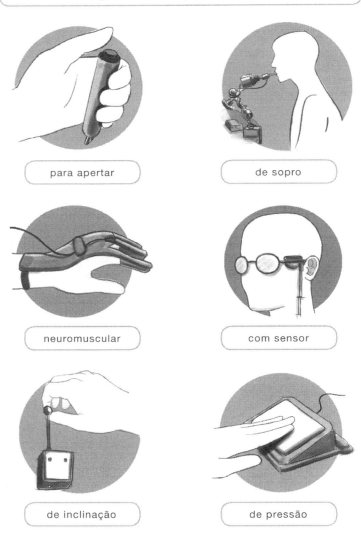

Figura 3.9 – Exemplos de *switches*

para apertar

de sopro

neuromuscular

com sensor

de inclinação

de pressão

g | *Switch mouse*

O *switch mouse* é um produto desenvolvido pela empresa Terra Eletrônica e tem a finalidade de substituir as funções do *mouse* convencional através de *switches* (acionadores, interruptores), os quais podem ser acionados com um simples toque pelo usuário (Figura 3.10).

Ele pode ser composto por até oito acionadores, cada um com uma função específica. A seguir, descrevemos cada uma das funções de um *switch mouse* com oito acionadores:

> Tecla vermelha: cursor para a esquerda na horizontal.

> Tecla cinza: cursor para a direita na horizontal.

> Tecla verde: cursor para baixo na vertical.

> Tecla amarela: cursor para cima na vertical.

> Tecla azul: clique normal.

> Tecla laranja: duplo clique (apenas um toque gera o duplo clique).

> Tecla marrom: meio clique (o primeiro toque trava o clique, permitindo arrastos, e o segundo toque solta o clique).

> Tecla branca: função do botão direito do *mouse* normal.

Assim, quando o aluno com deficiência precisa movimentar o cursor do *mouse* ou efetuar um clique, basta apenas pressionar a tecla correspondente. Com esse dispositivo, não é necessário ter uma coordenação motora muito desenvolvida para utilizar o *mouse*. Podemos, no início do treino dessa adaptação, diminuir a velocidade do *mouse* (nas configurações do *mouse*, no painel de controle, no caso do sistema operacional Windows®). Ele pode ser usado, inclusive, em conjunto com um teclado virtual para a escrita por alunos que apresentam dificuldade em utilizar o teclado.

Figura 3.10 – *Switch mouse*

h | *Roller mouse*

Outro dispositivo que pode ser usado por pessoas que apresentam dificuldade em manusear um *mouse* comum é o *roller mouse* (Figura 3.11), que possui quatro teclas grandes com as funções de clique e clique da direita – iguais às do *mouse* normal; duplo clique, que permite executar esta função com apenas um toque na tecla; e uma tecla de meio clique, que permite o travamento do botão para realizar funções de travamento em arrastos e rolamentos. Com o uso desse botão, elimina-se a necessidade de manter pressionada uma tecla e movimentar o *mouse* simultaneamente.

O movimento do cursor do *mouse* é realizado por meio de dois rolos: o primeiro permite a movimentação na horizontal, e o segundo serve para movimentar o cursor verticalmente, o que proporciona maior precisão nos movimentos, podendo tanto ser usado com as mãos ou com os pés.

Figura 3.11 – *Roller mouse*

i | Braille falado

O braille falado é uma espécie de computador de mão, pequeno e leve, que possui sete teclas por meio das quais o aluno com deficiência escreve textos, sendo que esses textos podem ser impressos em Braille ou no sistema comum. Esse dispositivo possui outras funções, tais como agenda eletrônica e calculadora, além de poder, quando conectado em um computador normal, ser utilizado como sintetizador de voz e permitir transferência de arquivos.

j | Terminal braille (*display* braille)

O terminal braille tem a função de representar, em Braille, as informações que estão em um monitor. É mais indicado para alunos que possuem deficiência auditiva e visual em conjunto. Esse dispositivo representa, em uma ou duas linhas, caracteres Braille correspondentes às informações exibidas na tela de um computador. Esses caracteres são produzidos por meio de pinos que se movimentam verticalmente em celas, os quais fazem a representação dos caracteres em Braille.

k | Impressora braille

As impressoras braille têm a função de fazer a impressão em Braille num papel especial (que pode ser um formulário contínuo), deixando um relevo na superfície do papel com os pontos que formam cada caractere do texto a ser impresso. Muitas dessas impressoras conseguem também reproduzir desenhos, que é uma opção bastante interessante para ser usada nas atividades de sala de aula com alunos cegos.

l | *Scanner*

O *scanner* auxilia na transferência de textos impressos (livros, revistas, jornais etc.) para o formato digital. Quando um texto está em formato digital, podemos utilizar um *software* de sintetização de voz para ouvi-lo. Assim, o aluno com deficiência visual poderá "ler" os mesmos livros que o professor utiliza com outros estudantes em sala de aula. Lembramos também que o próprio aluno pode ter a capacidade de operar um *scanner* sem muita dificuldade.

Síntese

Neste capítulo, verificamos que a informática assume um papel de maior importância quando aplicada na educação especial e na inclusiva. Por meio do uso de computadores, podemos avaliar melhor e favorecer a comunicação e a aprendizagem dos alunos com deficiência. Com a utilização da informática, esses estudantes melhoram a autoestima e são motivados a superar as limitações que a deficiência lhes impôs. Constatamos que em quase todos os tipos de deficiências o emprego do computador traz muitos benefícios, além de que devemos estar atentos à postura (posicionamento) do aluno com deficiência física quando ele for utilizar esse recurso, a fim de que obtenha maior produtividade nas suas atividades educacionais e cotidianas. Por fim, vimos que existem diversas adaptações de *hardware* que auxiliam o aluno na utilização do computador.

Indicações culturais

Filme

O ESCAFANDRO e a borboleta. Direção: Julian Schnabel. EUA/França: Miramax Films/Europa Films, 2007. 112 min.

Jean-Dominique Bauby, com 43 anos de idade, editor da importante revista *Elle*, é um homem apaixonado pela vida. Mas, repentinamente, tem um derrame cerebral. Após 20 dias, ele acorda e ainda está lúcido, mas tem como sequela uma rara tetraplegia, que permite controlar apenas o movimento do olho esquerdo. Bauby se recusa a aceitar seu destino. Aprende a se comunicar através do piscar dos olhos, apontando as letras do alfabeto, formando palavras e frases. Assim, escreve um livro que retrata a sua vida. Dessa forma, ele cria um mundo próprio, considerando aquilo que a paralisia não afetou: sua imaginação e sua memória.

Livro

NUNES, L. R. d'O. de P.; PELOSI, M. B.; GOMES, M. R. **Um retrato da comunicação alternativa no Brasil**. Rio de Janeiro: Quatro Pontos, 2007. v. I e II.

O livro *Um retrato da comunicação alternativa no Brasil* é resultado do I Congresso Brasileiro de Comunicação Alternativa realizado na Universidade Estadual do Rio de Janeiro, em 2005, e organizado em dois volumes pelas pesquisadoras Leila Regina d'Oliveira de Paula Nunes, Miryam Bonadiu Pelosi e Márcia Regina Gomes. Esse livro é composto de 71 artigos escritos a respeito de comunicação alternativa para pessoas com diversos tipos de deficiências. Na obra, são apresentados vários temas, tais como: inclusão, leitura e escrita, avaliações, intervenções terapêuticas, construção de atividades adaptadas, música, dança, acessibilidade etc.

Site

PORTAL DOMÍNIO PÚBLICO: biblioteca digital desenvolvida em software livre. Disponível em: <http://www.dominiopublico.gov. br>. Acesso em: 5 maio 2011.

O Portal Domínio Público traz diversos materiais sobre alunos com deficiência. Nele, você poderá buscar mais informações a respeito de materiais adaptados e recursos tecnológicos para o uso da informática. Todo o material que está postado pode ser transferido para o computador gratuitamente.

Atividades de autoavaliação

1. Com relação ao uso da informática por alunos com deficiência, analise as seguintes afirmações:

I. Através do uso da informática podemos favorecer a individualização do ensino, considerando suas características individuais, preparando atividades específicas, objetivos específicos e respeitando a temporalidade de cada aluno – propostas de uma escola inclusiva.

II. O computador como instrumento de auxílio da aprendizagem dos alunos deficientes preserva e estimula a exploração e a investigação, respeitando os limites e o tempo para a execução das atividades dos estudantes, além de proporcionar uma avaliação mais significativa.

III. Uma característica que temos de considerar em relação ao uso da informática é que ela possibilita ao aluno a produção de atividades nas mesmas condições de apresentação que as dos demais estudantes. Assim, por exemplo, um aluno que tem dificuldade motora para a escrita pode fazer sua atividade com a mesma qualidade de apresentação que a dos demais colegas.

IV. A informática não deve ser utilizada por alunos com deficiência, pois um estudante que tem dificuldade em enxergar, em movimentar a mão ou em ouvir não consegue usar um computador.

Assinale a alternativa que apresenta as afirmações corretas:

a) Apenas as afirmações I e II.

b) Apenas as afirmações I e IV.

c) Apenas as afirmações I, II e III.

d) Apenas as afirmações III e IV.

2. Assinale a alternativa que completa, na sequência correta, as lacunas dos textos a seguir:

I. Para os alunos com _____, o computador pode oferecer recursos para que eles busquem aprofundar os conhecimentos sobre os conteúdos ministrados nas aulas. Assim, poderão utilizar *softwares* educacionais que exijam maior raciocínio, utilizar a internet para estender os próprios conhecimentos ou, ainda, fazer atividades mais elaboradas.

II. Para os alunos com _____, o uso da informática pode ser um excelente meio de comunicação, possibilitando "conversar" através de programas de mensagens instantâneas. Esses estudantes também poderão usar o computador para pesquisar os significados de termos científicos ou palavras que ainda desconhecem em língua portuguesa.

III. Para os alunos com _____, o computador (quando o educando consegue ter habilidade cognitiva para entender o seu funcionamento) pode ser um grande aliado na realização de atividade de reforço, já que ele permite que o estudante faça a mesma atividade repetidas vezes, respeitando o seu ritmo e o seu tempo.

a) Altas habilidades ou superdotação – deficiência auditiva – deficiência intelectual.

b) Deficiência auditiva – deficiência intelectual – altas habilidades ou superdotação.

c) Altas habilidades ou superdotação – deficiência intelectual – deficiência auditiva.

d) Deficiência intelectual – altas habilidades ou superdotação – deficiência auditiva.

3. A falta de coordenação e de controle dos movimentos faz com que alguns alunos com deficiência física adquiram encurtamento de certos músculos, que resulta num posicionamento inadequado das mãos (geralmente ficam cerradas) e na abdução do polegar (o polegar volta-se para o centro da mão). Essas características dificultam o uso do teclado. Qual dos equipamentos a seguir tem a função de corrigir o posicionamento da mão do aluno e auxiliá-lo na digitação e no uso do computador?

a) Apoio de pés.

b) Pulseira de chumbo ou pulseira de peso.

c) Estabilizador de punho e abdutor de polegar.

d) Capacete com ponteira.

4. É uma placa transparente de acrílico que possui furos que coincidem com as teclas. Essa placa é colocada sobre o teclado e permite que os alunos possam apoiar suas mãos sobre ela, sem pressionar as teclas. Os furos ajudam a direcionar a digitação.

O texto anterior se refere a qual recurso adaptativo?

a) Colmeia.

b) *Mouse* especial.

c) *Switch mouse.*

d) Impressora braille.

5. Qual é o produto desenvolvido pela empresa Terra Eletrônica que tem a finalidade de substituir as funções do *mouse* convencional por meio de teclas que podem ser acionadas com um simples toque?

a) *Switch mouse.*

b) Braille falado.

c) *Trackball.*

d) Teclado expandido.

Atividades de aprendizagem

Questões para reflexão

1. Descreva a função de duas adaptações ou tecnologias assistivas de *hardware* para alunos com deficiência.

2. No início do uso do computador, um aluno com deficiência física pode necessitar de *mouse* ou teclado adaptados. Com o passar do tempo, ele tende a adquirir novas habilidades motoras e pode não precisar mais daquele recurso. Como o professor poderá descobrir qual é o melhor momento de realizar a "retirada" daquela adaptação, fazendo com que o estudante inicie o uso do computador com teclado e *mouse* normais?

Atividade aplicada: prática

Pesquise na internet os novos recursos de informática e, depois, faça um plano de aula para um aluno com deficiência que necessita de adaptação.

adaptações de *software*[1]

Neste capítulo, descreveremos algumas alterações que podem ser configuradas no sistema operacional dos computadores para facilitar ou possibilitar o uso dessas máquinas por alunos que possuem alguma deficiência. Mostraremos diversos *softwares* que foram desenvolvidos para que os estudantes, mesmo com limitações graves, consigam interagir com o computador, além de apresentarmos algumas características que devem ser consideradas na escolha do *software* educativo para eles.

capítulo 4

---

1. Partes das seções deste capítulo foram extraídas de Kleina (2008).

4.1 Opções de acessibilidade do sistema operacional

A maioria dos sistemas operacionais possui determinados programas que permitem ser configurados para que indivíduos com algum tipo de deficiência tenham maior facilidade em usar o computador. Geralmente, as pessoas desconhecem esses recursos porque os cursos de informática não ensinam a respeito desses *softwares*.

Aqui, nós veremos as principais configurações que podem ser feitas no sistema operacional Windows®. Os sistemas operacionais como os da família Linux e o Mac/OS (este da Apple) também possuem recursos de auxílio às pessoas com deficiência.

O sistema operacional Windows® possui, em suas diversas versões, as "Opções de acessibilidade" ou "Preferências de Tecnologias Assistivas" (Figura 4.1), encontradas por meio do caminho: *Iniciar – Configurações – Painel de controle – Opções de acessibilidade*, ou, no Windows 7®, pelo caminho: *Iniciar – Painel de controle – Facilidade de acesso*.

Nas preferências das tecnologias assistivas, podemos usar alternativas visuais ou de texto para sons (Windows 7® ou sistemas superiores). Assim, com essa opção ativamos as configurações visuais sons e escolhemos o efeito que desejamos para os sons do sistema: fazer piscar a barra de legenda ativa, a janela ativa ou a área de trabalho. Dessa forma, todos os sons que o sistema emite são traduzidos em algum tipo de informação visual que o aluno com deficiência auditiva poderá perceber. Temos também a opção *Ativar as legendas para diálogos*, que possibilita mostrar a legenda para o áudio (quando disponível).

Na guia *Teclado*, podemos configurar as *Teclas de aderência*, *Filtragem* e *Alternância*.

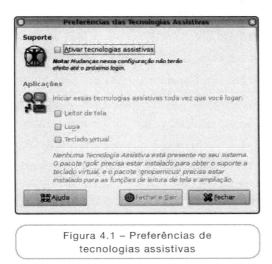

Figura 4.1 – Preferências de tecnologias assistivas

Fonte: Sistema operacional Windows 7 Ultimate®, 2009.

A opção *Teclas de aderência* permite fixar a tecla *Shift* ao pressioná-la uma vez. Por exemplo, usualmente, para escrevermos o símbolo *arroba* (@), temos de deixar pressionada a tecla *Shift*, quando pressionamos a tecla correspondente ao arroba. Para uma pessoa com deficiência, pressionar duas teclas ao mesmo tempo pode ser uma tarefa muito difícil, ou até mesmo impossível, dependendo do tipo de deficiência.

Assim, quando essa opção está ativa e queremos digitar qualquer letra ou símbolo que precise da tecla *Shift*, pressionamos esta última, depois soltamos e, em seguida, pressionamos a tecla que queremos. Para voltar à digitação normal, basta pressionar e soltar a tecla *Shift* novamente.

A opção *Teclas de filtragem* permite configurar a taxa de repetição dos caracteres digitados. O aluno com deficiência física, principalmente a ocasionada por paralisia cerebral grave, tem, nos primeiros contatos com o computador, tanto dificuldade para levar a mão ao teclado e à letra pretendida como em tirá-la voluntariamente. Por isso, é muito comum que ele segure a tecla (letra) pressionando-a por mais tempo do que o normal, resultando numa grande repetição dessa letra. Se o objetivo é fazer com que o estudante tenha autonomia para usar o computador, ele mesmo terá de apagar as letras repetidas, o que demandará muito tempo e pouca produtividade.

Com a opção *Teclas de filtragem*, podemos aumentar o tempo para que a letra repita, quando ela for pressionada. O mesmo vale para apagar os caracteres. É muito comum os alunos escreverem uma frase e, ao tentarem corrigir um erro no final dela, ao apagar uma letra, removem a frase toda. Isso é muito frustrante para o educando.

Por fim, ao usarmos a opção *Teclas de alternância*, soa um aviso sonoro quando as teclas *Caps Lock*, *Scroll Lock* e *Num Lock* forem pressionadas.

Outro *software* de acessibilidade presente no sistema operacional Windows® é o *Teclado virtual*. Ele é encontrado por meio do caminho: *Iniciar – Programas – Acessórios – Acessibilidade – Teclado virtual*.

O teclado virtual permite que o aluno com dificuldade motora em utilizar o teclado convencional possa escrever textos. É um *software* que possui recursos limitados, mas é uma alternativa que não precisa ser instalada, pois já está presente no próprio sistema operacional Windows®. A digitação é feita através do *mouse*, clicando-se sobre as letras presentes nesse teclado que fica na tela do computador. Assim, se um estudante consegue usar um *mouse* (mesmo os especiais, adaptados), consegue também escrever textos. Nesse *software*, encontramos a opção *Rastrear teclas*, que pode ser acionada no botão *Opções do teclado*: Teclas – Rastrear teclas. Quando ativamos essa opção, o *software* inicia saltos de linha em linha. Quando a letra que queremos está na linha selecionada, basta que pressionemos o *mouse*, uma tecla do teclado normal ou o *joystick*. Nesse momento, o *software* pulará as letras dessa linha e, para selecionar a letra que queremos, basta novamente pressionarmos o botão do *mouse*, ou uma tecla do teclado normal, ou o *joystick* (uma dessas opções deve estar selecionada no *software*). A Figura 4.2 mostra o teclado virtual presente no Windows 7® com a terceira linha selecionada.

Figura 4.2 – Teclado virtual

Fonte: Sistema operacional Windows 7®.

Para os alunos com deficiência visual (baixa visão), temos a opção *Facilitar a visualização do computador*, por meio da qual podemos ativar o alto contraste. Com essa opção ativa, todos os programas serão mostrados na tela com cores contrastantes, o que facilita muito a visualização quando o estudante tem dificuldade visual (baixa visão). Outra opção é *Ampliar itens de tela*, que permite a ampliação das letras, legendas e ícones dos programas, favorecendo uma melhor visualização.

O sistema operacional Windows® fornece também a ferramenta *Lente de aumento*, que amplia o *zoom* da tela, permitindo uma melhor visualização pela pessoa com deficiência. Essa ferramenta permite que configuremos o nível de ampliação que queremos para a tela e qual a porcentagem dela para mostrar a área ampliada.

Podemos configurar, também, o tamanho do *mouse*, deixando-o maior e com contraste, além de ajustar a espessura do cursor intermitente – aquela barra que fica no texto quando estamos escrevendo. Se a barra for muito estreita, pode dificultar a sua visualização no texto por um aluno com deficiência visual.

O sistema operacional Windows 7® possui uma função que é muito interessante: *Usar o reconhecimento de fala*, que permite controlar o computador através de comandos de voz. Infelizmente, essa opção está presente apenas nas versões em língua inglesa. Com esse recurso, um aluno que não consegue controlar o *mouse* ou usar um teclado pode interagir com o computador através de comandos de voz.

Para os estudantes que não conseguem controlar o *mouse* convencional, podemos habilitar a opção *Ativar as teclas para o mouse*. Quando ativada, essa opção permite que o bloco numérico, ao lado do teclado de letras, seja utilizado como *mouse*, conforme a Figura 4.3. Dessa forma, o aluno com deficiência poderá usar todas as funções do *mouse* através do próprio teclado. Geralmente, recomenda-se a ativação dessa opção quando ele está utilizando a colmeia de acrílico, não precisando, assim, de um *mouse* adaptado.

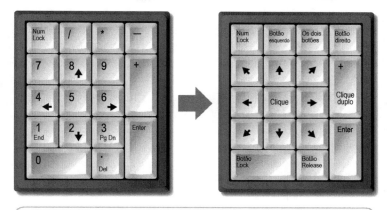

Figura 4.3 – *Mouse* pelo bloco numérico

Podemos alterar algumas configurações do *mouse* no *Painel de controle*. Para alunos canhotos, conseguimos alterar o lado do botão de clique do *mouse*, que faz uma grande diferença, principalmente se o estudante possui dificuldade na coordenação motora. Também somos capazes de alterar a velocidade do cursor do *mouse*: quando deixamos mais lenta a velocidade do cursor, o aluno terá de fazer um movimento mais amplo para movimentá-lo. Essa opção auxilia muito o estudante com pouca coordenação motora, principalmente quando ele tem de clicar em ícones pequenos no *software* que está utilizando, pois isso lhe dará maior precisão.

Quando adaptamos o sistema operacional de acordo com as características do aluno com deficiência, estamos favorecendo sua produtividade e também o uso do computador com maior autonomia, que é o nosso objetivo principal.

4.2 *Softwares* especiais de acessibilidade

Softwares especiais de acessibilidade são os componentes lógicos incorporados aos *softwares* quando construídos como tecnologia assistiva, ou seja, são os programas especiais de computador que possibilitam ou facilitam a interação do aluno deficiente com essa máquina.

a | Simuladores de teclado

Existem vários *softwares* com a função de simular um teclado, além do presente no sistema operacional. A finalidade desses programas é proporcionar às pessoas que não conseguem usar um teclado comum a utilização do *mouse*, de um *switch* ou de outro dispositivo para realizar a digitação.

Na maioria das vezes, o simulador de teclado trabalha num "sistema de varredura", tal qual o descrito no teclado virtual do sistema operacional.

Com sistemas desse tipo, pessoas que controlam um movimento do corpo (que permita acionar voluntariamente um *switch*) ou apenas que consigam soprar ou emitir um som podem ter autonomia para utilizar o computador.

b | Emulador de teclado e *mouse* (ETM)

O emulador de teclado e *mouse* (ETM), apresentado na Figura 4.4, é um *software* que auxilia o aluno com paralisia cerebral, através de um sensor ligado à cadeira de rodas, à carteira ou posicionado no próprio corpo do estudante, a acessar as funções do teclado e do *mouse* do computador, além de permitir, em princípio, o uso de todos os recursos do Windows® e de qualquer outro programa.

O único *hardware* adicional é um interruptor (*switch*) ligado ao computador. Na falta desse dispositivo, também podemos utilizar o teclado ou o *mouse* como sensores.

Logo que o ETM for carregado, a cada segundo haverá um salto de linha, ou seja, a linha ficará destacada com uma cor diferente. O ETM trabalha no sistema de varredura de teclas, ou seja, as linhas ficarão "saltando" num tempo predeterminado até que o sensor seja pressionado. Ao pressioná-lo, o programa passa a "saltar" as teclas na horizontal da linha que estava em destaque. Quando pressionado novamente, digitará a letra ou realizará o comando que estava em destaque. Com esse programa, o aluno com deficiência física que consiga controlar voluntariamente um movimento de qualquer parte de seu corpo poderá utilizar com independência o computador.

Figura 4.4 – Emulador de teclado e *mouse* (ETM)

Fonte: ETM – versão 7.5.

c | MicroFênix

O professor José Antonio dos Santos Borges, membro do Núcleo de Computação Eletrônica da Universidade Federal do Rio de Janeiro (NCE/UFRJ), criou o *software* MicroFênix (entre 2004 e 2005) para oportunizar e/ou facilitar o uso do computador por pessoas que estejam impossibilitadas de utilizar os membros superiores para realizar suas atividades. Entre os beneficiados pela criação do MicroFênix encontramos, em meio a outros portadores de deficiências físicas graves, os tetraplégicos e os portadores de distrofia muscular.

Figura 4.5 – MicroFênix

Fonte: MicroFênix – versão 2.1.

O MicroFênix é um *software* gratuito que simula o emprego do *mouse* e do teclado, além de possibilitar a ativação de vários programas e funções no ambiente Windows®.

Para a sua interação, o MicroFênix permite a utilização dos seguintes tipos de acionadores:

> microfone, no qual o usuário emite um som, sopro ou estalo;
> tecla *Control* (Ctrl) da esquerda do teclado.

Com esse *software*, o aluno, com sopros em um microfone comum, tem acesso a todas as funções e programas do computador. A Figura 4.5 mostra alguns dos comandos disponíveis no MicroFênix.

d | Simulador de *mouse*

Existem vários modelos desse tipo de *software*, inclusive gratuitos e encontrados para *download* na internet. Eles seguem o mesmo princípio dos simuladores de teclado, porém com as ações dos movimentos do *mouse*.

O simulador de *mouse* também trabalha num sistema de varredura, passando botão a botão até que o usuário execute uma ação predeterminada. Nesse momento, por exemplo, se foi escolhido o botão para mover o *mouse* para cima, este se movimentará nessa direção até uma nova intervenção do usuário, quando o *mouse* para de se movimentar e o foco volta ao simulador, percorrendo novamente as suas opções.

e | Preditor[2] de palavras

O *software* de predição de palavras tem o objetivo de dar mais eficiência na digitação de textos. Um *software* gratuito de predição de palavras é o Eugênio (Figura 4.6), disponível na internet no *site* Acessibilidade.net (http://www.acessibilidade.net). O seu funcionamento é o seguinte: quando digitamos uma letra, o preditor mostra as oito palavras que mais utilizamos e que começam com aquela letra. Cada palavra está associada a um número de zero a sete. Se a palavra pretendida está entre eles, basta pressionarmos a tecla do número correspondente que a palavra será escrita no programa no qual o cursor estiver posicionado (no Microsoft Word®, por

---

2. *Preditor* é um neologismo originado da forma verbal *predizer* e que significa "que se predisse"; "anteriormente citado". No contexto da informática, o preditor de textos é um *software* que, quando iniciamos a digitação de uma palavra, nos mostra algumas opções de palavras com aquelas letras. O objetivo é dar maior rapidez na digitação.

exemplo), além de já inserir após a palavra um espaço. Se a palavra não estiver entre as oito mostradas, digitamos a próxima letra e, então, o *software* mostrará oito palavras que iniciam com as duas letras digitadas e, assim, sucessivamente. Quando escolhemos uma palavra, ele a memoriza e sempre mostrará as que utilizamos com maior frequência.

Além de esse programa memorizar as palavras mais usadas, ele memoriza também a sequência das palavras. Assim, por exemplo, se for escrita a palavra *Claudio* seguida da palavra *Kleina* uma vez, da próxima vez em que for escrita a palavra *Claudio* o programa já mostrará em seguida a palavra *Kleina*, que poderá ser escrita apenas com o toque na tecla do número correspondente.

No caso de um aluno que, pela dificuldade motora, demora para digitar, com esse *software* ele terá uma produtividade maior, escrevendo um número superior de palavras com um número menor de toques no teclado.

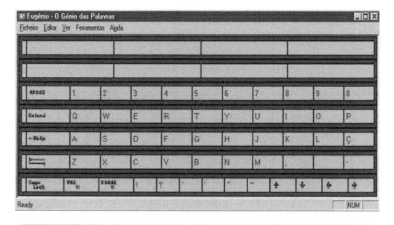

Figura 4.6 – Eugênio – O Gênio das Palavras. Versão 2.0

Fonte: Acessibilidade.net, 2007.

f | Reconhecimento de voz

Os sistemas de reconhecimento de voz permitem que as ações realizadas no computador possam ser executadas através de comandos vocais. Esses recursos podem ser utilizados por todas as pessoas que possuem dificuldade motora acentuada, mas que têm sua oralidade preservada.

Para utilizar sistemas como esses, o usuário terá de passar por um reconhecimento do padrão de sua voz, através da leitura de textos.

O recurso de voz mais conhecido é o IBM ViaVoice, que, no Brasil, atualmente, estagnou em sua versão 9.0, porém, em outros países, já está na versão 11.0. Mesmo a versão 9.0 desse sistema dá total autonomia para que o aluno execute todas as funções do computador, além de interagir com diversos *softwares*, tais como Microsoft Word®, Microsoft Excell® e Internet Explorer®. Esse sistema vocal também "aprende" com o usuário. Assim, se o computador não reconhece uma palavra ou um determinado comando, podemos "ensiná-lo", e, quanto mais usarmos esse sistema, mais respostas corretas teremos aos nossos comandos de voz. No Brasil, esse recurso não é muito utilizado devido ao seu alto custo de compra. Porém, já foi desenvolvido pelo professor José Antonio dos Santos Borges, da Universidade Federal do Rio de Janeiro, o sistema Motrix, que é gratuito e que também permite que o computador seja controlado por comandos vocais. Os problemas do ViaVoice são que: tanto o reconhecimento do padrão de voz quanto os seus comandos apresentam-se na língua inglesa, além de possuir limitações na quantidade de comandos e não permitir que um texto seja ditado diretamente, tendo de ser soletrado.

g | Sistema de comunicação alternativa

Muitas pessoas com deficiência física, especialmente com paralisia cerebral, possuem a fala prejudicada, sendo que muitas delas nem conseguem desenvolver oralidade funcional. Para essas pessoas, uma das formas de se comunicar é através de sistemas de comunicação alternativa, também chamados de *sistemas de comunicação alternativa* ou *aumentativa*. Esses sistemas podem ser usados por meio de pranchas de comunicação e/ou de *softwares* no computador e relacionam figuras a palavras, ações, sujeitos e, também, frases ou ideias completas. Assim, escolhendo os símbolos ou uma sequência deles, os alunos podem expressar o que querem.

No computador, esse tipo de sistema de comunicação é indicado até o momento em que o aluno é alfabetizado, pois, para ele usar o sistema, tem de, necessariamente, de um ou outro modo, controlar o computador. Se ele consegue controlá-lo, é melhor que escreva o que quer para se comunicar, já que o estudante que não fala vai ter uma dificuldade maior na redação formal de textos.

Outro sistema de comunicação alternativa é o sintetizador de voz. Esse sistema pode estar junto ao sistema de comunicação alternativa do computador e, quando da escolha dos símbolos que formam a frase, o resultado será a frase "falada" pela máquina, sendo que ela pode também ler um texto escrito ou selecionado pelo seu usuário. O sistema de síntese de voz é muito útil quando uma pessoa que não consegue falar quer interagir com outra que não seja alfabetizada, tal qual uma criança, por exemplo.

Um desses *softwares* de síntese de voz é o Falador, encontrado gratuitamente no "Kit de Acessibilidade" no *site* Acessibilidade.net, citado anteriormente. Ele permite que aquilo que uma pessoa escreve no computador seja reproduzido através de voz sintética, possibilitando a comunicação. Esse *software* também faz a leitura de textos para o usuário. A leitura de textos, principalmente os oriundos da internet, pode ajudar muito os alunos com deficiência visual, os com dislexia e, em especial, os com paralisia cerebral atetósica ou atáxica, que têm dificuldade em manter o olhar focado na tela do computador devido aos movimentos involuntários que possuem, sendo que, se a letra for pequena, a dificuldade será ainda maior para estes alunos. Ter um *software* que realiza a leitura dos textos auxilia muito no entendimento e na interpretação destes, além de se tornar uma grande ferramenta de auxílio pedagógico.

h | Sintetizadores de voz para alunos com deficiência visual

Esses *softwares* têm a característica principal de transformar textos em voz sintetizada. Além de textos, fazem também a leitura da tela do computador e possuem uma interface que permite aos estudantes cegos usarem o computador com autonomia, digitando textos, acessando a internet, lendo e escrevendo *e-mails*, tendo a oportunidade de utilizar, inclusive, alguns *softwares* educativos. Entre os diversos programas disponíveis, o que mais se destaca é o Dosvox, desenvolvido pelo Núcleo de Computação Eletrônica da Universidade Federal do Rio de Janeiro (NCE/UFRJ), que possui a voz sintetizada em língua portuguesa e é disponibilizado gratuitamente.

Existem outras versões de sintetizadores que também podem ser utilizados, mas que não são *softwares* gratuitos, como o Jaws e o Virtual Vision.

Não podemos esquecer o Mecdaisy[3], que tem a função de manipular livros no formato digital (no formato padrão do *software*) e é indicado para alunos cegos ou com baixa visão. Esse recurso oferece algumas facilidades, tais como ir imediatamente para uma determinada página, fazer anotações no livro, marcar um determinado trecho, navegar pelo índice da obra e ir diretamente a um capítulo ou uma seção. Ele também oferece a opção de imprimir o livro em Braille. Com essa iniciativa, algumas obras já estão sendo produzidas e distribuídas pelo Ministério da Educação (MEC) para escolas que possuam alunos com deficiência visual.

Com o mesmo objetivo, a Audioteca Sal e Luz, que é uma instituição filantrópica, sem fins lucrativos, produz e empresta livros falados (audiolivros) de forma gratuita. Em 2010, seu acervo já contava com mais de 2.700 títulos, que vão desde literatura em geral, passando por textos religiosos, até textos e provas corrigidas voltados para concursos públicos em geral. Os audiolivros são emprestados sob a forma de fita cassete, CD ou arquivo MP3.

É importante ressaltar que, sempre que possível, os profissionais que estão trabalhando a informática com esses alunos devem utilizar o mínimo de aparatos e tecnologias assistivas, mesmo que o trabalho para conseguir a autonomia dos alunos demande um pouco mais de tempo. Isso porque em muitos outros lugares fora da escola ou de suas casas esses alunos podem não encontrar essas tecnologias assistivas.

---

3. Para saber mais sobre o Mecdaisy, acesse o *site* <http://portal.mec.gov.br/index.php?option=com_content&view=article&id=13786:programa-amplia-inclusao-de-pessoas-com-deficiencia-ao-converter-texto-em-audio&catid=205&Itemid=86>.

Assim, as tecnologias assistivas:

> *Devem ser destinadas aos que necessitam de serviços e/ou situações especiais de educação, realizando-se, preferencialmente, em ambiente menos restritivo e pelo menor período de tempo [...]. As necessidades especiais revelam que tipos de ajuda (suporte), diferentes dos usuais, são requeridos, de modo a cumprir as finalidades da educação. As respostas a essas necessidades devem estar previstas e respaldadas no projeto pedagógico da escola, não por meio de um currículo novo, mas, de adequação progressiva do regular, buscando garantir que os alunos com necessidades especiais participem de uma programação tão normal quanto possível, mas considere as especificidades que as suas necessidades possam requerer.* (Brasil, 2003, p. 35)

Por isso, é muito importante que os profissionais tenham cuidado na hora de usarem uma dessas tecnologias e que possam, com o passar do tempo e quando houver a possibilidade, fazer a retirada gradativa delas, deixando que o aluno utilize o computador, sempre que possível, "ao natural".

4.3 *Software* educativo para alunos com deficiência

Alunos com deficiência frequentemente encontram dificuldades em interagir com os *softwares* educativos porque estes foram desenvolvidos sem a preocupação de atender a esse segmento de usuários: as pessoas com deficiência. Com a inclusão de estudantes com deficiência no ensino regular e a utilização da informática como ferramenta auxiliar no processo de ensino-aprendizagem em escolas especiais, temos de saber analisar as características que auxiliam, principalmente de interface, e as que prejudicam o uso.

4.3.1 *Software* educativo e educação especial

Quando nas escolas há um laboratório de informática, geralmente os alunos realizam atividades através de *softwares* educativos, que se apresentam em forma de jogos e cuja finalidade principal é favorecer o aprendizado ou o reforço de conteúdos escolares. Existe uma grande diversidade desses programas disponíveis para serem utilizados pelos estudantes.

O *software* educativo é "todo programa que possa ser usado para algum objetivo educacional, pedagogicamente defensável, por professores e alunos, qualquer que seja a natureza ou finalidade para a qual tenha sido criado" (Lucena, 1992). Eles são uma excelente ferramenta para favorecer a aprendizagem dos alunos, pois exigem concentração e atenção, auxiliam no desenvolvimento da capacidade indutiva, ajudam no desenvolvimento de conceitos espaciais e visuais e desenvolvem a coordenação motora e visomotora. Isso sem considerarmos o aspecto lúdico, que permite o envolvimento com a atividade, tornando-a agradável, motivadora e prazerosa.

Conforme Papert (1994), os *softwares* educativos proporcionam a vivência de conceitos e de estratégias que a escola, muitas vezes, não consegue criar, exigindo do aluno um esforço intelectual e consequente aprendizagem com qualidade superior à conseguida com a realização de atividades tradicionais. Outro aspecto importante é em relação à autonomia de aprendizagem que o programa educativo proporciona. O estudante é instigado pelo *software* a levantar hipóteses, a testá-las e a verificar os resultados. Dessa forma, constitui-se de um grande aliado para a aprendizagem do educando, já que, através do lúdico, faz com que ele possa aplicá-lo de forma prazerosa à leitura, à ortografia e ao cálculo, podendo substituir as atividades de reforço que, em princípio, podem parecer-lhe chatas.

As situações lúdicas presentes em um *software* educativo desafiam o aluno e provocam a reflexão e o raciocínio, o que o leva a alcançar maiores níveis de desenvolvimento. Com esse recurso, o educando brinca e tem uma participação ativa, sem estresse ou medo de errar. Assim, a aprendizagem torna-se consequência desse processo, e o estudante não dependerá mais do professor para chegar a conclusões e novas aprendizagens.

Porém, cabe ao professor fazer a análise da qualidade de sua interface e de sua afinidade com os objetivos educacionais propostos, para que atenda à finalidade educacional e, também, possa ser usado por todos os alunos, com necessidade educacional especial ou não.

Por fim, cabe lembrarmos que o papel do professor ao trabalhar com o *software* educacional com os estudantes deve ser o de motivador, intervindo o mínimo possível e auxiliando apenas no sentido de apontar algumas estratégias quando o aluno esgotou as possibilidades elaboradas para chegar ao resultado esperado pelo *software*. Dessa forma, os alunos conseguirão desenvolver estratégias que permitirão alcançar níveis mais elevados e, consequentemente, aprenderão mais.

4.3.2 Escolha do *software* educativo para alunos com deficiência

A maioria dos programas educacionais em informática é produzida objetivando alcançar o maior número possível de usuários, já que a indústria de *softwares* visa ao lucro. Por isso, o programa educativo, isto é, sua interface, geralmente, é desenvolvido tendo como modelo um usuário padrão, um usuário ideal e sem deficiências.

Conforme Coutaz, citado por Pontes e Orth (2001), uma interface:

> é um dispositivo que serve de limite comum a duas entidades comunicantes, que se exprimem numa linguagem específica. [...] No caso da interface homem-software trata-se de fazer a conexão entre a imagem externa do sistema e o sistema sensório-motor do homem. Um avanço importante a ser promovido nas interfaces diz respeito à necessidade de tornar muito mais transparente para o usuário a organização do sistema. A interface deve auxiliar o usuário no modo como ele pode utilizar o sistema e descobrir quais os recursos disponíveis e como eles devem ser utilizados.
>
> Para isso, as interfaces devem considerar usuários com diferentes conhecimentos, e necessidades, promovendo a integração da tecnologia em diferentes áreas.

Os projetistas de programas educativos, buscando atender às características dos seus usuários, consideram apenas características gerais, como a idade dos alunos a que se destina e o objetivo educacional.

Há um custo considerável na produção dos programas educativos, e, quanto mais elementos e mais customizável[4] for o *software*, maior será esse custo. Por isso, são raros os programas educacionais desenvolvidos para alunos com deficiência. Mas algumas ca-

---

4. *Customização* tem o sentido de adaptar produtos e processos às características do usuário. Portanto, é o atendimento que visa à satisfação deste. A origem da palavra está no inglês *customer,* que significa "cliente" ou "usuário".

racterísticas presentes nos diversos *softwares* disponíveis podem favorecer ou dificultar a sua utilização. Por exemplo, devemos observar a área do clique para a interação com o programa. Se for muito pequena, provavelmente se tornará uma barreira para a utilização por um aluno com deficiência física, pois ele poderá não ter o controle motor suficiente para conseguir clicar numa área muito reduzida. Devemos observar se as atividades exigem que o estudante clique em objetos que se movimentam, pelo mesmo motivo citado anteriormente.

Outra característica a que devemos estar atentos é se há um tempo predeterminado para se executar as atividades, pois geralmente os alunos com deficiência demoram mais tempo para realizá-las.

A escolha do *software* educativo deve favorecer a aprendizagem tanto do educando com deficiência, com suas características e necessidades individuais, quanto dos demais estudantes. Essa escolha não é uma tarefa fácil, pois precisaremos conhecer as características do *software* e, principalmente, as dos alunos, além de ter claro o objetivo pedagógico que pretendemos alcançar com o seu uso.

A participação do aluno é fundamental na escolha mais adequada do programa. Mas lembramos que, como existem poucos *softwares* voltados para o público com deficiência, na maioria das vezes teremos de adaptá-los às necessidades do educando, por meio da utilização de um *mouse* especial ou teclado, além de usá-los em conjunto com outro *software* de acessibilidade. Essa tarefa não é muito simples, e só conseguiremos ter esse conhecimento através da experimentação, da observação e dos testes, ou seja, deveremos descobrir junto com os alunos o melhor modo de usarmos essas tecnologias e adaptações.

O que atrai a maioria dos usuários de *software*?

A interface bonita e atraente, carregada de efeitos visuais e sonoros. Muitos programas educacionais são desenvolvidos por programadores que têm experiência apenas com linguagens e técnicas de desenvolvimento e não estão muito familiarizados com o conhecimento pedagógico. Com isso, temos vários *softwares* para educação que ainda são desenvolvidos sem a preocupação pedagógica.

Agora, vamos pensar:

Quantos *softwares* educacionais são projetados para atender especificamente os alunos com deficiência? Por quê?

Poucos. Porque ainda há uma pequena procura das escolas por *softwares* que atendam a diversidade de alunos.

Nessa linha de pensamento, Conforto e Santarosa (2002, p. 88) afirmam que as tecnologias "devem ter por objetivo tornar os recursos computacionais mais acessíveis a um conjunto diversificado de atores sociais" e, dessa forma, tendem a ser entendidas como "um meio de disponibilizar a cada usuário interfaces que respeitem suas necessidades e preferências". Essa afirmação nos mostra que o *software* educativo deve ser projetado com o intuito de satisfazer a todos os usuários (que também podem ser alunos com deficiência), precisando, para isso, ter uma interface adaptável e de qualidade. A seguir, analisaremos algumas dessas características.

4.3.3 Características que devem ser consideradas na escolha do *layout* do *software* educativo

A grande maioria dos *softwares* educativos é construída tendo a preocupação com a escolha e a utilização de ícones. Os ícones devem ser significativos e padronizados, o que é fundamental para o aprendizado e a utilização desses programas. Porém, ao escolhermos um *software* educacional, devemos ter a preocupação de como as pessoas interagem com esses ícones. Por exemplo, vamos imaginar um jogo de perguntas e respostas em que o aluno tenha de clicar no ícone correspondente à resposta correta. Se esse ícone for muito pequeno, um educando com deficiência física que tem limitada a sua habilidade em controlar o *mouse* certamente terá dificuldade em clicar na resposta correta, já que não conseguirá posicionar o cursor sobre esse ícone. Sendo assim, para esse aluno, bem como para o estudante com baixa visão, é mais fácil utilizar o teclado, e muitos *softwares* educativos só permitem que a interação com os ícones seja feita por meio de cliques com o *mouse*.

Alguns alunos com deficiência necessitam de determinado *software* e *hardware* especiais ou do uso de dispositivo de acesso mediado (*switches* ou outro dispositivo) para conseguirem interagir com o computador e com o programa educativo. Muitas vezes, este não funciona adequadamente com a utilização desses dispositivos.

Outra grande dificuldade é o clique em objetos que estão em movimento. Vamos imaginar um *software* de matemática, em que é apresentada uma multiplicação, diversos números ficam se movimentando na tela e o aluno tem de clicar no número que contém o resultado da multiplicação. Tanto os educandos com deficiência motora quanto os com baixa visão encontrarão dificuldade em usar programas educativos com essa característica. Por essas razões, é indicada a utilização de ícones grandes, estáticos, que permitam a interação tanto por meio do teclado como por dispositivos de acesso mediado.

As cores, os gráficos e as animações devem ser elementos facilitadores da aprendizagem, e não fontes de entretenimento. Enquanto o uso moderado desses recursos pode acrescentar interesse e motivação, seu excesso pode distrair a atenção do usuário da tarefa educacional a ser realizada, principalmente se tiver dificuldade de atenção e de concentração. O aluno precisa se concentrar na informação que está sendo apresentada, em vez de se entreter com animações que muitas vezes não são relacionadas com a tarefa.

Instruções como "clique na figura verde para passar para o próximo nível" não devem ser usadas, pois alguns alunos podem ser daltônicos ou ter deficiência visual que os impeça de reconhecer nitidamente as cores. Para os estudantes com baixa visão, devemos optar por *softwares* com cores e objetos contrastantes para facilitar a visualização.

No caso dos educandos com hiperatividade, as cores quentes (amarela, laranja, vermelha, e suas derivadas), por serem consideradas excitantes, podem estimular esse transtorno. Além disso, as cores frias (verde, azul, cinza, e suas derivadas), por serem calmantes, podem desmotivar ou acelerar a falta de atenção e de concentração desses alunos.

O *software* educativo deve permitir a interação com as tecnologias assistivas utilizadas por alguns alunos com deficiência: como dispositivos de leitura da tela, para os estudantes com deficiência visual ou dislexia; dispositivos de acesso mediado e equipamentos, como *mouses* adaptados – *trackballs*, que são *mouses* maiores e que exigem menos controle motor –, para os alunos com deficiência física.

Os estudantes com deficiência correm o risco de possuir dificuldade de orientação espacial e, por isso, podem se perder na navegação do *software*. A sequência das operações deve ser clara e facilmente identificada por esses alunos.

Da mesma forma, a linguagem usada pelo *software*, principalmente nas séries iniciais, deve ser clara e simples. Alunos com pouca vivência ou com restrições cognitivas podem não compreender as instruções que são passadas pelo programa. O ideal é que este apresente a informação através de frases simples, com desenhos e por meio do som.

Uma dificuldade referente à linguagem de interação que encontramos em muitos *softwares* é que alguns estudantes podem ter uma idade acima da prescrita por esse programa. Isso implica que a linguagem utilizada por ele pode ser infantilizada para o aluno, desmotivando o seu uso. Como exemplo, podemos imaginar um *software* de alfabetização sendo usado por pessoas adultas.

O programa educativo ideal também deve permitir a modificação de sua interface às necessidades de todos os educandos, através da customização, como a definição de preferências e a escolha de modelos de acordo com as individualidades de cada estudante.

É fundamental que o *software* tenha níveis de dificuldade (tanto de utilização como de conhecimentos prévios exigidos), para que possamos adequar o nível de acordo com a necessidade do aluno.

Vamos pensar novamente em um *software* educacional de perguntas e respostas, em que os alunos possuem um tempo determinado para selecionar a resposta correta. Eles podem demorar a entender a pergunta ou ter dificuldade em direcionar o *mouse* até a resposta correta. Isso é um problema quando o programa tem um tempo limitado para se fazer essa ação, pois o aluno não conseguirá selecionar a resposta no tempo estipulado, mesmo sabendo a resposta correta. Nesse caso, dependendo da necessidade do estudante, o programa deve ter uma versão/opção sem o limite de tempo, e outra com o limite de tempo. Além disso, ele deve ter outro meio de se obter a resposta além do uso do *mouse*, como a utilização do teclado, que pode ser mais fácil de manipular para alguns alunos.

Alunos com dificuldade de aprendizagem (deficiência intelectual) necessitam, primeiramente, realizar atividades simples para aumentar o grau de abstração de seu conhecimento e conseguir efetuar atividades mais complexas. Assim, um *software* para trabalhar os conceitos de *pequeno, médio* e *grande* deve ter, inicialmente, um nível para *pequeno* e *grande*, para depois ter um segundo nível com os três conceitos, por exemplo.

Estudantes com deficiência física têm o seu controle motor bastante limitado. O *software* educacional deve ser construído de maneira que evite fazer com que o aluno tenha de realizar mais de uma tarefa motora simultaneamente, como pressionar duas teclas ou, ainda, tenha de movimentar o *mouse* com um dos botões pressionados. Operações como clicar em um objeto que se movimenta torna-se uma barreira para esses educandos. Para eles, há a necessidade de ter formas mais simples de utilização do *software*, evitando o uso simultâneo de duas teclas, a precisão do clique do *mouse* e não exigindo tempo mínimo para resposta, para que possam interagir melhor com o programa.

O *software* não deve passar informação somente através de som, pois alunos com deficiência auditiva não o compreenderão. Ele deve ter uma opção para informá-los por meio de caixas de diálogo e/ou desenhos significativos.

Uma característica que também devemos observar é que o programa educativo deve ter elementos que facilitem a memorização e a aprendizagem quando de sua utilização, como ícones significativos e a mesma sequência de navegação para as diversas atividades. Assim, na próxima vez que o aluno for usá-lo, conseguirá lembrar-se de como utilizá-lo. A navegação nas atividades do *software* é de grande importância para que os educandos com deficiência tenham autonomia e independência.

Quando pensamos em um *software* ideal, imaginamos um programa com versões para alunos com e sem deficiência. Com isso, teríamos uma versão de um programa educativo para deficientes auditivos, onde todas as informações passadas através do som seriam transformadas em textos e figuras. Para os deficientes visuais, uma versão que possibilitaria que a utilização do teclado e das instruções de uso sejam transmitidas através do som. Ao deficiente físico, uma versão com ícones maiores, que privilegiem a utilização pelo teclado e que respeitem o tempo desse educando em dar a resposta. Para os alunos com hiperatividade, uma versão com etapas mais curtas para que eles possam manter sua atenção, sem o uso de muitos estímulos visuais e sonoros. Para os alunos autistas, uma versão que tenha um personagem que faça a interação, podendo ser habilitado e desabilitado, pois cada educando terá uma reação diferente perante esse estímulo. Para alguns estudantes, ter um personagem que interage com eles pode iniciar um processo virtual de socialização; já para outros, pode se constituir numa barreira educacional e social. Pode-se ter, também, uma versão de *software* com níveis mais elevados, com alto grau de abstração, que envolva maior grau de raciocínio para os alunos com superdotação.

E, por fim, uma versão com um nível de abstração menor para os estudantes com deficiência intelectual.

É claro que não encontraremos facilmente um *software* educativo com todas essas características, mas é muito importante sabermos que, dependendo das características individuais de cada aluno, ele terá elementos que facilitam ou dificultam o seu uso. Por isso, é necessário que estejamos atentos para escolher um programa que possa atender da melhor forma o educando. Porém, temos de ressaltar que o fato de não encontrarmos um programa específico para o aluno com deficiência não deve ser motivo de deixarmos de utilizar a informática e seus recursos. Sempre poderemos e deveremos usar os *softwares* educativos que são, inegavelmente, uma ótima ferramenta para a aprendizagem de educandos com ou sem deficiência.

4.4 Novas tecnologias

Há algumas tecnologias que ainda estão sendo desenvolvidas e que, talvez, quando você estiver lendo este livro, já possam fazer parte do cotidiano escolar das pessoas com deficiência. Há outras, ainda, que eventualmente podem ter sido abandonadas ou sobre as quais existem poucas referências.

Assim, a proposta deste livro é trazer as inovações tecnológicas! Como sabemos, a tecnologia tem a sua vida útil diminuída a cada dia. Os elementos são modificados, aprimorados e adaptados, mas as ideias iniciais certamente continuarão nos novos modelos.

A proposta deste tópico é mostrar as iniciativas que estão sendo implantadas atualmente. Esperamos que, quando você estiver lendo este livro, essas tecnologias já façam parte do cotidiano escolar e da prática pedagógica dos profissionais da educação.

a | *vEye* (olho virtual)

É um GPS[5] integrado com pulseiras vibratórias que orienta a pessoa com deficiência visual a fazer o seu trajeto. Dessa forma, essa pessoa informa o endereço aonde quer ir e as pulseiras vibram, indicando as orientações. Você pode saber mais a respeito do vEye visitando o *site* da Inove Informática (Disponível em: http://www. inoveinformatica.net/aspx/Projetos.aspx).

b | *Brain-computer interface* (BCI)

Brain-computer interface (BCI), ou interface cérebro-computador, é um dispositivo que faz a interface de comunicação do cérebro com o computador. Esse equipamento "capta" as correntes elétricas do cérebro, fazendo uma espécie de eletroencefalografia e transformando-as em comandos para o computador.

Com esse equipamento, alunos com quadriplegia, distrofia muscular ou outras doenças que afetam o controle motor podem interagir

---

5. O GPS (Global Positioning System), ou Sistema de Posicionamento Global, é um sistema de posicionamento geográfico que nos fornece as coordenadas de um lugar na Terra, quando temos um aparelho receptor de sinais para essa finalidade. Esse sistema foi desenvolvido pelo Departamento de Defesa Americano para ser utilizado com fins civis e militares. Atualmente, esse sistema está disponível devido à utilização dos satélites artificiais. São ao todo 24 satélites que dão uma volta ao redor da Terra a cada 12 horas e que enviam continuamente sinais de rádio. Em cada ponto da Terra, estão sempre visíveis quatro satélites, e, com os diferentes sinais desses satélites, o receptor GPS calcula a latitude, a longitude e a altitude do lugar onde se encontra, fornecendo o local em que as pessoas estão.

com o computador apenas pensando na ação que gostariam de fazer.

c | Multiplano

Para as pessoas que não enxergam, a aprendizagem da matemática é sempre mais difícil, especialmente quando iniciam o trabalho com a geometria, a trigonometria, os vetores, as matrizes etc. O multiplano permite diversas representações que são feitas nas placas, as quais possuem furos onde são colocados pinos que podem ser ligados por meio de elásticos.

Através do tato, o aluno pode aprender e construir, com o multiplano, gráficos, geometria plana e espacial, matriz, determinante, sistema linear, equações, estatísticas, operações, cálculos avançados, limites de uma função, derivadas etc.

As atividades de matemática que exigem algum tipo de representação gráfica também podem ser "desenhadas" no multiplano, facilitando a compreensão do exercício que o aluno irá resolver.

d | *Mouse* ocular

O *mouse* ocular é um dispositivo que permite a captura e a codificação dos movimentos e das piscadas do globo ocular, transformando-as em comandos para o computador. Para a utilização desse equipamento, são instalados nas regiões próximas ao globo ocular alguns eletrodos de eletrocardiograma que captam os movimentos voluntários dos músculos dessa região. Dessa forma, esses impulsos são transformados em movimentos do cursor do *mouse*.

Assim, quando o aluno olhar para a direita, movimentará certo grupo de músculos. A atividade desses músculos será captada pelos eletrodos de eletrocardiograma e transformada em movimento do cursor do *mouse* para a direita. Da mesma forma, quando o estudante piscar com uma intensidade mais forte, esse movimento será transformado no clique. Para escrever um texto, o aluno pode utilizar o teclado virtual que acompanha esse dispositivo, movimentando o *mouse* com o olhar e clicando nas letras que necessitar.

Com a utilização desse recurso, pessoas com tetraplegia, ausência ou alto grau de comprometimento dos membros superiores, podem usar de forma autônoma um computador, por meio da digitação de palavras, frases ou textos, navegação na internet, além do uso de qualquer *software*, utilizando somente o abrir e o fechar dos olhos e os movimentos oculares.

e | Sistema Falibras

Uma das grandes dificuldades dos alunos com deficiência auditiva é entender o que as pessoas dizem quando estas não sabem a Libras. Para tentar superar esse obstáculo, foi desenvolvido um sistema chamado *Falibras*. Esse sistema tem o objetivo de captar a fala das pessoas por meio de um microfone e exibir em um monitor a interpretação do que foi dito, só que em forma gestual animada, isto é, em Libras. Para obter mais informações, acesse o *site* Acessibilidade Brasil (http://www.acessobrasil.org.br/libras).

f | Voz do mudo

Outra grande dificuldade do aluno surdo é conseguir se comunicar (ser entendido) no dia a dia com pessoas que não sabem a linguagem de sinais (Libras). Uma invenção chamada *voz do mudo* permite que essa comunicação seja feita através do uso de computadores e que qualquer pessoa seja capaz de compreender um estudante com deficiência auditiva.

Para usar esse recurso, o educando com deficiência auditiva veste uma luva especial com sensores que convertem os movimentos da palma da mão e dos dedos, usados na comunicação por meio da Libras, em sinais que são codificados e transformados em voz por um computador. Dessa forma, o sistema permite a tradução, em tempo real, da Libras em voz sintetizada eletronicamente.

g | *Mousenose*

O *mousenose* permite que, através de uma câmera de vídeo ligada ao computador, o aluno consiga movimentar o cursor do *mouse* com movimentos da cabeça. O *software* capta uma imagem inicial do rosto do aluno e toma como base o nariz. Por meio de uma câmera, o *mousenose* localiza a posição no vídeo da imagem do nariz do usuário, para que este possa movimentar o cursor do *mouse* na tela do computador. Dessa forma, através desses movimentos os alunos com deficiência motora podem fazer uso da informática. Esse *software* foi construído para ser utilizado com o sistema operacional Linux.

h | Câmera *mouse*

É um *software* gratuito em que podemos fazer o *download* no *site* Camera Mouse (http://www.cameramouse.org). Esse programa é indicado para pessoas que não possuem coordenação motora para usar o *mouse* ou o teclado, mas que possuem o controle dos movimentos da cabeça. Através da utilização da *webcam*, os movimentos da cabeça são transformados em movimentos do *mouse*. Assim, se movimentarmos a nossa cabeça para cima, o cursor do *mouse* se movimentará também para cima, e o mesmo acontecerá para os demais movimentos. Podemos configurar o *software* para que ele efetue o clique se não movimentarmos a cabeça por um período de dois segundos, por exemplo. Se usarmos um teclado virtual, poderemos também escrever textos e preencher formulários na internet, além de outros recursos.

i | *Mouse* lupa

É um *software* que amplia a tela do computador e é indicado para alunos com baixa visão. É um programa gratuito, que funciona no sistema operacional Linux. Podemos alterar a configuração desse *software*, como mudar a forma da área que será ampliada e o tamanho de acordo com a necessidade dos educandos.

j | *Thermoform*

Thermoform é um dispositivo que emprega calor e vácuo para fazer relevo em películas de PVC (plástico). É indicado para fazer representações para pessoas com deficiência visual, pois, com o tato, elas poderão perceber os desenhos em relevo e, com isso, compreender melhor a explicação de vários conteúdos que dependem da internalização da representação mental.

k | Máquina de relevos táteis

É uma impressora especial, que imprime relevos com a utilização de papel específico próprio. A impressão em relevo é feita através da reação do papel ao calor produzido pela impressora. Assim, pode-se imprimir diversos desenhos, tais como mapas, gráficos, tabelas e outros materiais didáticos que poderão ser usados por alunos cegos.

1 | Braille falado

É um computador portátil, uma espécie de *palmtop*, que possui sete teclas utilizáveis. Com ele, o aluno com deficiência visual pode editar textos para serem impressos em impressora comum ou Braille. Quando esse dispositivo estiver conectado a um computador normal, poderá ser utilizado como sintetizador de voz, além de enviar e receber arquivos.

Síntese

Neste capítulo, verificamos que existem diversos *softwares* que facilitam o uso do computador por alunos com deficiência. Com a ajuda desses programas, o educando pode interagir com o computador através de um movimento do corpo que ele controle voluntariamente, de comandos de voz, por meio do sopro e com movimentos dos olhos ou da cabeça, sendo que já existem iniciativas que permitem que o computador seja comandado por meio do pensamento. Vimos que o próprio sistema operacional traz diversos recursos que podemos utilizar e que podem ser configurados para a obtenção de uma melhor produtividade pelos alunos com deficiência.

Averiguamos que os *softwares* educativos possuem alguns elementos que podem tanto auxiliar e favorecer a autonomia como dificultar o seu uso pelos alunos deficientes. Dessa forma, devemos conhecer essas características para, sempre que for possível, escolher um programa mais adequado ao educando que estamos atendendo. Essa percepção adquirimos com o passar do tempo, com o melhor conhecimento sobre os alunos e com a observação das reações deles perante o *software* que estamos utilizando.

Por fim, conhecemos algumas iniciativas de desenvolvimento de novas tecnologias que logo poderão ser utilizadas pelos alunos. Ressaltamos que todos os recursos educacionais devem estar disponíveis a todos os educandos e a deficiência não deve ser tomada como limitadora do uso da tecnologia.

Indicações culturais

Documentário

COMO UMA borboleta. Direção: Ewa Pieta. Produção: Miroslaw Grubek. Polônia, 2004. 29 min.

Este documentário relata a vida de Przemek, que teve paralisia cerebral ao nascer. Por meio da linguagem Bliss, Przemek consegue revelar a sua capacidade de se expressar, pois, devido à doença, seu potencial de comunicação ficou totalmente comprometido.

Sites

Para ler diversos artigos sobre tecnologia assistiva, acesse os *sites*:

ASSISTIVA: Tecnologia e Educação. Disponível em: <http://www. assistiva.com.br>. Acesso em: 11 maio 2011.

CLIK: Tecnologia Assistiva. Disponível em: <http://www.clik.com. br>. Acesso em: 11 maio 2011.

A Rede Saci foi criada pela Coordenadoria Executiva de Cooperação Universitária e de Atividades Especiais da Universidade de São Paulo (Cecae-USP), pela Rede Nacional de Ensino e Pesquisa (RNP), pelo Amankay Instituto de Estudos e Pesquisa e pelo Núcleo de Computação Eletrônica da Universidade Federal do Rio de Janeiro (NCE-UFRJ). Para conhecer melhor a Rede Saci, acesse o *site*:

REDE SACI. Disponível em: <http://www.saci.org.br>. Acesso em: 11 maio 2011.

Para saber sobre novas tecnologias assistivas, cursos, artigos e dicas para pessoas deficientes, acesse o *site*:

EXPANSÃO – Laboratório de Tecnologia Terapêutica. Disponível em: <http://www.expansao.com>. Acesso em: 11 maio 2011.

Para obter informações básicas sobre tecnologia assistiva, uso de computadores por pessoas com deficiência sistemas suplementares e/ou alternativos de comunicação (SSAC), acesse o *site*:

ENTRE AMIGOS: Rede de Informações sobre Deficiência. Disponível em: <http://www.entreamigos.com.br>. Acesso em: 11 maio 2011.

O *link* a seguir, do *site* Acessibilidade.net, apresenta vários *softwares* para a acessibilidade do uso do computador. Acesse o *link* e confira as tecnologias digitais para acessibilidade:

ACESSIBILIDADE.NET. Disponível em: <http://www.acessibilidade. net/at/kit/computador.htm>. Acesso em: 11 maio 2011.

Para saber mais sobre o emulador de teclado e *mouse* – ETM (projeto do Centro Federal de Educação Tecnológica do Paraná – Cefet-PR, atualmente Universidade Tecnológica do Paraná – UTFPR), acesse o *site*:

ETM. Disponível em: <http://www.projetoetm.com.br/index. php?option=com_frontpage&Itemid=1>. Acesso em: 11 maio 2011.

Para conhecer a utilização do computador através do uso da voz, acesse o *link*, a seguir, do Projeto Motrix (projeto desenvolvido pelo NCE-UFRJ):

PROJETO MOTRIX. Disponível em: <http://intervox.nce.ufrj.br/ motrix>. Acesso em: 11 maio 2011.

Atividades de autoavaliação

1. A deficiência física causa uma dificuldade ou uma impossibilidade de realizar certos movimentos. Em decorrência dessa deficiência, alguns alunos necessitarão de *softwares* especiais para conseguir usar o computador.

Com base no texto anterior, analise os itens a seguir:

I. Teclado virtual.
II. MicroFênix.
III. DosVox.
IV. Motrix e IBM Via Voice.

Assinale a alternativa que contém os itens que apresentam *softwares* destinados para alunos com deficiência física:

a) Apenas os itens I, II, III.

b) Apenas os itens II, III e IV.

c) Apenas os itens I, III e IV.

d) Apenas os itens I, II e IV.

2. Relacione os conceitos com os *softwares*, de acordo com a principal função desses recursos de tecnologia para alunos com deficiência:

I. *Software* que permite a interação do usuário com o computador, fornecendo sons para cada ação executada ou tecla digitada.

II. *Software* que permite escolher as letras no monitor com o uso do *mouse* ou outro dispositivo, permitindo, assim, a digitação de textos.

III. *Software* que auxilia o aluno com paralisia cerebral, através de um sensor ligado à cadeira de rodas ou ao corpo, a acessar as funções do teclado e do *mouse* do computador, permitindo, em princípio, o uso de todos os recursos do Windows® e de qualquer outro programa.

IV. *Software* do sistema operacional que auxilia pessoas com baixa visão a usar o computador, ampliando parte do conteúdo mostrado no monitor.

( ) Sistema DosVox.

( ) Teclado virtual.

( ) Ferramenta Lente de aumento.

( ) Emulador de teclado e *mouse* (ETM).

Assinale a alternativa que apresenta a sequência correta:

a) I, III, II, IV.

b) I, IV, II, III.

c) I, II, IV, III.

d) IV, III, II, I.

3. Relacione as tecnologias assistivas com a deficiência, considerando o uso mais comum desses recursos tecnológicos para os diferentes tipos de deficiência:

I. DosVox.

II. MicroFênix.

III. Legendas de áudio.

IV. *Software* educativo que permite a configuração de jogos e de atividades que exijam um grau mais baixo de raciocínio.

( ) Deficiência intelectual.

( ) Deficiência física.

( ) Deficiência auditiva.

( ) Deficiência visual.

Assinale a alternativa que apresenta a ordem correta:

a) IV, III, II, I.

b) I, IV, II, III.

c) I, II, IV, III.

d) IV, II, III, I.

4. O *software* educativo deve possuir alguns elementos que facilitam a sua utilização por alunos que possuem algum tipo de deficiência.

Com relação ao texto anterior, relacione a(s) característica(s) do *software* educativo que é(são) mais indicada(s) para cada tipo de deficiência:

I. Deficiência física.

II. Deficiência intelectual.

III. Deficiência auditiva.

IV. Deficiência visual.

( ) Toda a informação do *software* educativo é transmitida através de sons. O aluno pode usar o teclado para fazer todas as atividades. O *software* possui cores contrastantes com letras grandes.

( ) Todas as instruções e sons do *software* são informados através de caixas de texto.

( ) Todos os locais onde é necessário clicar (principalmente os ícones) são bem grandes. O *software* não exige que o aluno execute duas ações (pressionar duas teclas, digitar e clicar) ao mesmo tempo.

( ) O *software* possui diversos níveis, iniciando com ações simples e aumentando gradativamente a exigência do aluno, sempre fornecendo o *feedback* com mensagens positivas de incentivo ao educando.

Assinale a alternativa que apresenta a sequência correta:

a) I, III, II, IV.

b) IV, III, II, I.

c) I, II, IV, III.

d) IV, III, I, II.

5. Com os novos recursos desenvolvidos, um aluno com deficiência pode interagir com o computador através:

I. do sopro.

II. de movimentos dos olhos.

III. de comandos de voz.

Assinale a alternativa correta que apresenta os itens por meio dos quais um aluno pode interagir com o computador:

a) Apenas os itens I e II.

b) Apenas os itens I e III.

c) Apenas os itens II e III.

d) Os itens I, II e III.

Atividades de aprendizagem

Questões para reflexão

1. Entre os diversos *softwares* para pessoas com deficiência, escolha um e faça um texto descrevendo:

a) o nome e a funcionalidade (o que faz) do *software*;

b) qual tipo de deficiência esse *software* atende;

c) quais os benefícios que a utilização desse *software* traz para os alunos deficientes.

2. Descreva quais alterações você pode fazer no sistema operacional para facilitar o uso dele por alunos com:

a) deficiência física;

b) deficiência visual (baixa visão);

c) deficiência auditiva.

Atividade aplicada: prática

Analise um *software* educativo que você utiliza com os alunos e descreva quais características ele possui que facilitam ou dificultam o uso por educandos que possuem algum tipo de deficiência.

considerações finais

Chegamos ao final da leitura deste livro e, com isso, tivemos a oportunidade de aprender que, ao trabalhar com a inclusão, devemos estar em constante busca por novos métodos e recursos, além de que a tecnologia deve fazer parte de nossas ferramentas de trabalho. Percebemos que muitos alunos de inclusão que apresentam dificuldades específicas necessitarão de recursos pedagógicos adaptados para facilitar a aprendizagem, sendo que a escolha do recurso dependerá das habilidades que esse educando desenvolveu. Por isso, é fundamental realizar uma avaliação diagnóstica antes de propormos o uso de qualquer adaptação.

Atualmente, a informática está presente em nossa vida e deve ser utilizada como recurso de aprendizagem na educação. No caso de alunos com deficiência, ela assume um papel mais importante, pois permite que o estudante seja avaliado com mais precisão, favorece a aprendizagem e a comunicação e possibilita a interação com outras pessoas. Com o uso da informática, os educandos melhoram a autoestima e são motivados a superar as limitações que a deficiência lhes impôs.

Há diversos recursos de *hardwares*, como teclados e *mouses* especiais, que permitem que alunos, mesmo com um grande comprometimento físico, consigam usar o computador com autonomia. Em conjunto com esses equipamentos, há diversos *softwares* que facilitam a utilização do computador, possibilitando a interação do educando com a máquina por meio de um movimento do corpo que ele controle voluntariamente, de comandos de voz, através do sopro e de movimentos dos olhos ou da cabeça, além de que já existem iniciativas que permitem que o computador seja comandado através do pensamento. O *software* educativo é um recurso muito importante, mas devemos estar atentos a algumas características que podem facilitar, prejudicar ou impossibilitar o seu uso por alunos com deficiência.

O avanço da tecnologia traz novas possibilidades para as pessoas com deficiência. Essas novas possibilidades podem e devem ser aplicadas na educação, buscando melhorar a nossa prática profissional. Para tanto, é necessário que sempre estejamos pesquisando quais recursos estão sendo desenvolvidos e quais benefícios podemos trazer aos alunos deficientes. Os profissionais da educação deixaram de ser detentores de uma formação estática, conseguida nos cursos de graduação. A pesquisa deve ser constante tanto no sentido de buscar novos recursos tecnológicos quanto no sentido de sua aplicação, observação dos resultados e propostas de adaptações.

Temos de ressaltar também que cada tecnologia utilizada com determinado aluno será sempre uma experiência única. Podemos usar o mesmo recurso com outro educando com as mesmas características e, certamente, os resultados serão diferentes. A motivação também é um fator relevante para obtermos sucesso no uso de um recurso adaptado. Temos de motivar o estudante sempre, mostrar as possibilidades que o recurso lhe oferece e quais serão os ganhos que ele terá em usá-lo.

O importante de tudo é que, como profissionais da educação, nunca deixemos de acreditar em nossos alunos e em nosso "poder" de melhorar a sua qualidade de vida.

De agora em diante, você já possui conhecimento suficiente para iniciar novas pesquisas e buscar um aprofundamento e novos horizontes sobre os recursos tecnológicos em educação especial.

Abraço e sucesso!

referências

ABNT – Associação Brasileira de Normas Técnicas. **NBR 9050**: acessibilidade a edificações, mobiliário, espaços e equipamentos urbanos. Rio de Janeiro, 2004.

ALMEIDA, M. E. B. de; MORAN, J. M. (Org.). **Integração das tecnologias na educação**. Brasília: MEC/Seed, 2005.

ANDRADE, J. M. **Avanços tecnológicos em educação especial**. Disponível em: <http://www.defnet.org.br/Avancos_tec.htm>. Acesso em: 17 mar. 2010.

ANDRADE, P. F.; LIMA, M. C. M. **A utilização da informática na escola pública brasileira (1970-2004)**. Programa Nacional de Informática Educativa. Brasília: MEC/Seed, 1993.

ANDRÉ, M. Uma pesquisa com os professores para avaliar a formação de professores. In: ROMANOWSKI, J. P.; MARTINS,

P. L.; JUNQUEIRA, S. R. A. (Org.). **Conhecimento local e conhecimento universal**: pesquisa, didática e ação docente. Curitiba: Champagnat, 2004. p. 205-218.

BELTRÁN, L. R. Alien Premises, Objects, and Methods in Latin American Communication Research. In: ROGERS, E. M. (Org.). **Communication and Development**: Critical Perspectives. Beverly Hills: Sage, 1976. n. 2, v. 3.

BENGALA LEGAL. **O sistema Braille**. Disponível em: <http://www.bengalalegal.com/sbraille.php>. Acesso em: 31 mar. 2010.

BERSCH, R. **Introdução à tecnologia assistiva**. Porto Alegre: Cedi, 2008. Disponível em: <http://www.assistiva.com.br/Introducao%20TA%20Rita%20Bersch.pdf>. Acesso em: 28 mar. 2010.

BONILLA, M. H. Inclusão digital e formação de professores. **Revista de Educação**, Lisboa, v. 11, n. 1, p. 43-50, 2002.

BRASIL. Lei n. 10.098, de 19 de dezembro de 2000. **Diário Oficial da União**, Poder Legislativo, Brasília, DF, 20 dez. 2000. Disponível em: <http://www.planalto.gov.br/CCIVIL/Leis/L10098.htm>. Acesso em: 30 out. 2010.

BRASIL. Ministério da Educação. Conselho Nacional de Educação. Parecer n. 17, de 3 de julho de 2001. **Diário Oficial da União**, Brasília, DF, 17 ago. 2001a. Disponível em: <http://portal.mec.gov.br/cne/arquivos/pdf/CEB017_2001.pdf>. Acesso em: 26 abr. 2011.

_____. Resolução n. 2, de 11 de setembro de 2001. **Diário Oficial da União**, Brasília, DF, 14 set. 2001b. Disponível em: <http://portal.mec.gov.br/cne/arquivos/pdf/CEB0201.pdf>. Acesso em: 26 abr. 2011.

BRASIL. Ministério da Educação. Secretaria de Educação Especial. **Estratégias para a educação de alunos com necessidades educacionais especiais**. Brasília, 2003. (Saberes e Práticas da Inclusão, v. 4). Disponível em: <http://portal.mec.gov.br/seesp/arquivos/pdf/serie4.pdf>. Acesso em: 6 maio 2011.

BRITO, G. S.; PURIFICAÇÃO, I. **Educação e novas tecnologias**: um repensar. 2. ed. Curitiba: Ibpex, 2008.

CERQUEIRA, J. B.; FERREIRA, M. A. Os recursos didáticos na educação especial. **Revista Benjamin Constant**, Rio de Janeiro, n. 5, dez. 1996.

CONFORTO, D.; SANTAROSA, L. M. C. Acessibilidade à web: internet para todos. **Revista Informática na Educação**: Teoria & Prática, Rio Grande do Sul, v. 5, n. 2, p. 87-102, nov. 2002.

CORTELAZZO, I. B. C.; ROCHA, C. A.; PALMA, M. S. **Preparação dos docentes no uso das tecnologias assistivas para a inclusão de alunos com necessidades especiais**. Curitiba: UTP, 2008.

DOSI, G. The Nature of the Innovative Process. In: DOSI, G. et al. (Org.). **Technical Change and Economic Theory**. Londres: Pinter Publishers, 1988.

FERNANDES, E. M.; ANTUNES, K. C. V.; GLAT, R. Acessibilidade ao currículo: pré-requisito para o processo ensino-aprendizagem de alunos com necessidades educacionais especiais no ensino regular. In: GLAT, R. (Org.). **Educação inclusiva**: cultura e cotidiano escolar. Rio de Janeiro: Sette Letras, 2007. p. 53-64.

GLAT, R.; BLANCO, L. de M. V. Educação especial no contexto de uma educação inclusiva. In: GLAT, R. (Org.). **Educação**

inclusiva: cultura e cotidiano escolar. Rio de Janeiro: Sette Letras, 2007. p. 15-35.

GLENNEN, S. L. Augmentative and Alternative Communication Assessment Strategies. In: GLENNEN, S. L.; DeCOSTE, D. (Org.). **The Handbook of Augmentative and Alternative Communication**. San Diego: Singular Publishing Group, 1997.

GONÇALVES, J. E. L. Os impactos das novas tecnologias nas empresas prestadoras de serviços. **Revista de Administração de Empresa**, São Paulo, v. 1, n. 34, p. 63-81, jan./fev. 1994.

HAYDT, R. C. C. **Curso de didática geral**. São Paulo: Ática, 1997.

KLEINA, C. **Formação continuada de professores para o uso da informática e tecnologias assistivas para alunos com deficiência física**. 120 f. Dissertação (Mestrado em Educação) – Pontifícia Universidade Católica do Paraná, Curitiba, 2008.

LUCENA, M. **A gente é uma pesquisa**: desenvolvimento cooperativo da escrita apoiado pelo computador. Dissertação (Mestrado em Educação) – Pontifícia Universidade Católica do Rio de Janeiro, Rio de Janeiro, 1992.

MENDES, E. G. Desafios atuais na formação do professor em Educação Especial. **Revista Integração**. Brasília, n. 24, ano 14, p. 12-17, 2002. (Edição Especial).

MONTOYA, R. S. **Integración holística de la tecnología adaptativa**. Cádiz: Universidad de Cádiz, 2000.

_____. **Ordenador y discapacidad**: guía práctica para conseguir que el ordenador se una ayuda eficaz en el aprendizaje y la comunicación. Madrid: Ciencias de la Educación Preescolar y Especial, 1997.

OLIVEIRA, E. da S. G.; GLAT, R. Educação inclusiva: ensino fundamental para os portadores de necessidades especiais. In: VALLE, B. de B. R. et al. **Fundamentos teóricos e metodológicos do ensino fundamental.** Curitiba: Iesde, 2003.

PAPERT, S. **A máquina das crianças**: repensando a escola na era da informática. Porto Alegre: Artes Médicas, 1994.

PIAGET, J. **Para onde vai a educação?** Rio de Janeiro: J. Olympio, 1973.

PONTES, A. M.; ORTH, A. I. Proposta de linguagem de interação para interfaces voltadas a usuários surdos. In: SEMINÁRIO INTEGRADO DE SOFTWARE E HARDWARE, 21., 2001, Fortaleza. **Anais...** Fortaleza, 2001.

RODRIGUES, D. (Org.). **Inclusão e educação**: doze olhares sobre a educação inclusiva. São Paulo: Summus, 2006.

SANTAROSA, L. M. C.; HOGETOP, L. **Tecnologias assistivas/ adaptativas**: viabilizando a acessibilidade ao potencial individual. 2002. Disponível em: <http://www.nied.unicamp. br/~proinesp/material/arquivos/Semana%20I/Leituras/ Tecnologias%20Assistivas/tec_assist.pdf>. Acesso em: 26 abr. 2011.

SCHIRMER, C. R. et al. **Atendimento educacional especializado**: deficiência física. Brasília: MEC/Seesp, 2007. Disponível em: <http://portal.mec.gov.br/seesp/arquivos/pdf/aee_df.pdf>. Acesso em: 26 abr. 2011.

UNESCO. **Declaração de Salamanca**: sobre Princípios, Políticas e Práticas na Área das Necessidades Educativas Especiais. Salamanca, 1994. Disponível em: <http://unesdoc.unesco. org/images/0013/001393/139394por.pdf>. Acesso em: 18 maio 2011.

VALENTE, J. A. Aprendendo para a vida: o uso da informática na educação especial. In: FREIRE, F. M. P.; VALENTE, J. A. (Org.). **Aprendendo para a vida**: os computadores na sala de aula. São Paulo: Cortez, 2001. p. 29-42.

_____. (Org.). **Liberando a mente**: computadores na educação especial. Campinas: Ed. da Unicamp, 1991.

WERNECK, C. **Ninguém mais vai ser bonzinho na sociedade inclusiva**. 3. ed. Rio de Janeiro: WVA, 1997.

ABNT – Associação Brasileira de Normas Técnicas. **NBR 9050**: acessibilidade a edificações, mobiliário, espaços e equipamentos urbanos. Rio de Janeiro, 2004.

Esse texto da Associação Brasileira de Normas Técnicas (ABNT) traz orientações para a construção de ambientes acessíveis a todas as pessoas com deficiência.

GALVÃO FILHO, T. A. A tecnologia assistiva: de que se trata? In: MACHADO, G. J. C.; SOBRAL, M. N. (Org.). **Conexões**: educação, comunicação, inclusão e interculturalidade. Porto Alegre: Redes, 2009. p. 207-235.

Esse livro tem a participação de diversos autores e engloba o universo da educação a distância e a diversidade. Nele, encontramos o capítulo *A tecnologia assistiva: de que se trata?*, escrito por Teófilo A. Galvão Filho, pesquisador em tecnologias assistivas, que aprofunda o conceito da tecnologia assistiva e como esta é definida em alguns outros países. É possível ler esse capítulo no *site* Portal Nacional de Tecnologia Assistiva. Disponível em: <http://www.assistiva.org.br/sites/default/files/Digite_o_texto/A_Tecnologia_Assistiva_-_de_que_se_trata.pdf>. Acesso em: 26 mar. 2010.

ITS BRASIL – Instituto de Tecnologia Social. **Tecnologia assistiva nas escolas**: recursos básicos de acessibilidade sociodigital para pessoas com deficiência. Disponível em: <http://www.assistiva.org.br/sites/default/files/TecnoAssistiva.pdf>. Acesso em: 26 mar. 2010.

Esse material, que foi produzido pelo Instituto de Tecnologia Social (ITS Brasil), aborda no primeiro capítulo o papel da tecnologia e a relação entre a deficiência e a necessidade de acessibilidade. O segundo capítulo contempla o uso da informática e os diversos *softwares* especiais de acessibilidade. O último capítulo traz diversas sugestões de adaptações que podem ser feitas na escola para atender o aluno com deficiência.

QUEVEDO, A. A. F.; OLIVEIRA, J. R.; MANTOAN, M. T. E. **Mobilidade, comunicação e educação**. Rio de Janeiro: WVA, 2000.

O texto traz orientações sobre o trabalho com o aluno com deficiência física, com um enfoque especial nas tecnologias assistivas de alto e baixo custos, recursos de acessibilidade ao computador e mobiliário adaptado. O Capítulo 4 apresenta diversas sugestões de materiais didáticos adaptados, e o Capítulo 5 discorre sobre a comunicação alternativa.

SCHIRMER, C. R. et al. **Atendimento educacional especializado**: deficiência física. Brasília: MEC/Seed/Seesp, 2007. Disponível em: <http://portal.mec.gov.br/seesp/arquivos/pdf/aee_df.pdf>. Acesso em: 26 mar. 2010.

Esse livro apresenta de forma abrangente os desafios de se propor uma escola com acessibilidade, apontando alguns caminhos que podemos seguir. É uma leitura interessante para pensarmos na discussão e na formação de redes de conhecimento sobre acessibilidade.

Capítulo 1

Atividades de autoavaliação

1. d
2. d
3. d
4. a
5. a

Atividades de aprendizagem

Questões para reflexão

1. Nesta questão, você terá de pesquisar as adaptações que poderão ser utilizadas por um aluno que está em uma cadeira de rodas. Na escola, terá de observar se o educando

consegue ter acesso a todos os setores, inclusive se o banheiro está adaptado; na sala de aula, se há materiais e móveis adaptados para esse aluno.

2. Todos os recursos pedagógicos adaptados para alunos com deficiência visual (cegos ou com baixa visão) poderão ser listados nesta atividade, como o soroban, para realização de cálculos matemáticos, o uso de lupas e de textos ampliados, a máquina de escrever em Braille ou a reglete e o punção para registro das atividades, o computador com *softwares* específicos etc., além da iluminação adequada do ambiente. Também se deve levar em consideração o posicionamento do aluno em sala: uma distância de onde consiga enxergar com maior nitidez o quadro de giz e que escute bem o professor.

Atividade aplicada: prática

O objetivo desta atividade é incentivar você a fazer uma análise crítica sobre como ocorre na prática o processo de inclusão de alunos com necessidades educacionais especiais. Você deverá posicionar-se diante das ações que a escola realiza para receber esses estudantes, considerando a explicação dos gestores escolares, além do ambiente e do contexto no qual a escola analisada está inserida.

Capítulo 2

Atividades de autoavaliação

1. d
2. b
3. d
4. b
5. d

Atividades de aprendizagem

Questões para reflexão

1. Esta é uma questão aberta cuja resposta tende a ser afirmativa, pois, quando adaptamos algum recurso para alunos com deficiência, temos também de modificar a nossa metodologia de ensino, já que teremos de considerar que o uso de um determinado recurso adaptado faz com que o modo de trabalho seja diferenciado.

2. Nesta questão, você terá de pesquisar no livro os principais recursos didáticos que podem ser adaptados tanto para o aluno com deficiência visual quanto para o educando com deficiência física. Para isso, você deverá, primeiramente, conhecer as principais características de alunos com essas deficiências, suas dificuldades e necessidades específicas.

Atividade aplicada: prática

Esta atividade aplicada tem o objetivo de levar você a fazer a relação entre as dificuldades causadas pela deficiência e a necessidade de adaptação de um determinado material pedagógico, de forma que permita que esse material seja usado pelo aluno.

Capítulo 3

Atividades de autoavaliação

1. c
2. a
3. c
4. a
5. a

Atividades de aprendizagem

Questões para reflexão

1. Nesta questão, você terá de fazer uma pesquisa sobre duas tecnologias assistivas de *hardware*, descrevendo a função no uso por alunos com deficiência. Poderá buscar essa informação no próprio livro ou em *sites* especializados.

2. Através da observação do aluno, o professor percebe que ele está com um controle motor melhor. Nesse caso, ele deve propor ao educando que tente usar o computador sem a adaptação que utilizava antes, mesmo que se tenha de iniciar um novo treinamento. Se o estudante julgar que consegue usar o computador sem a adaptação, o professor deverá incentivá-lo nesse processo e fazer o registro das evoluções do estudante. Caso ele constate que o aluno não está tendo evolução, deverá retornar ao uso da adaptação. Se o educando estiver progredindo sem a adaptação, deverá insistir nesse treino.

Atividade aplicada: prática

O objetivo desta questão é incentivar a pesquisa, usando a internet. Novos recursos sempre aparecem e, geralmente, é na *web* que eles são divulgados primeiramente. Buscar o maior número de informações sobre o uso das adaptações e novos recursos é fundamental antes de adquiri-los e, principalmente, antes de se iniciar a utilização com o aluno, pois uma escolha não adequada poderá frustrá-lo. Com a pesquisa, você terá dados para construir um plano de aula considerando um aluno que poderá beneficiar-se com a adaptação.

Capítulo 4

Atividades de autoavaliação

1. d
2. c
3. d
4. d
5. d

Atividades de aprendizagem

Questões para reflexão

1. Você terá de escolher um dos diversos *softwares* para pessoas com deficiência, descrevendo o funcionamento dele e fazendo a relação com qual tipo de deficiência atende. Através desse texto, você discorrerá sobre os benefícios que a utilização desse *software* trará aos alunos com deficiência.

2. Você terá de descrever as alterações que podem ser feitas no computador para atender aos alunos com deficiência, como diminuir a taxa de repetição de caracteres, configurar as teclas de aderência, ativar o teclado virtual, habilitar as teclas do *mouse*, para alunos com deficiência física; ampliar os itens da tela, ativar o alto contraste e habilitar a lente de aumento, para alunos com baixa visão; usar alternativas visuais para sons, para alunos com deficiência auditiva.

Atividade aplicada: prática

Esta atividade prática tem o objetivo de fazer com que você procure em um determinado *software* educativo elementos que facilitam ou dificultam o uso por alunos com deficiência, analisando-o conforme algumas características descritas no livro ou encontrando outras que o *software* analisado apresente.

nota sobre o autor

Claudio Kleina nasceu em Curitiba, Paraná. É graduado em Sistemas de Informação e possui Magistério, com especialização em Deficiências. É mestre em Educação pela Pontifícia Universidade Católica do Paraná (PUCPR), pós-graduado em Desenvolvimento em Ambiente *Web* por essa mesma instituição e em Formação de Docentes e Orientadores Acadêmicos em Ensino a Distância pelo Grupo Educacional Uninter. Trabalha há 15 anos com educação especial, dos quais 13 foram dedicados à atuação como professor e coordenador do Laboratório de Informática da Associação Paranaense de Reabilitação (APR), que atende alunos com deficiência físico-motora. Atualmente, é professor em diversos cursos de graduação e pós-graduação do Grupo Educacional Uninter, das Faculdades Integradas Camões e da Faculdade Educacional da Lapa, entre outras instituições de ensino. Realiza cursos e palestras sobre o uso de tecnologias para pessoas com deficiência e sobre deficiência físico-motora.

Impressão:
Março/2013